U0361774

————————　重 新 定 义 思 想 之 美　————————

# 零基础
# 掌　握
# 数电发票

## 打开企业数智化
## 经营的大门

杨蜀　段勇　　著

清华大学出版社
北京

图书在版编目（CIP）数据

零基础掌握数电发票：打开企业数智化经营的大门 / 杨蜀，段勇著. -- 北京：清华大学出版社，2025. 2.

ISBN 978-7-302-68061-1

Ⅰ . F279.23-39

中国国家版本馆 CIP 数据核字第 2025EL2958 号

责任编辑：付潭蛟
封面设计：汉风唐韵
责任校对：王荣静
责任印制：杨　艳
出版发行：清华大学出版社
网　　　址：https://www.tup.com.cn，https://www.wqxuetang.com
地　　　址：北京清华大学学研大厦 A 座　　　邮　　编：100084
社 总 机：010-83470000　　　邮　　购：010-62786544
投稿与读者服务：010-62776969，c-service@tup.tsinghua.edu.cn
质 量 反 馈：010-62772015，zhiliang@tup.tsinghua.edu.cn
印 装 者：河北鹏润印刷有限公司
经　　销：全国新华书店
开　　本：170mm×240mm　　　印张：15　　　字　　数：219 千字
版　　次：2025 年 3 月第 1 版　　　印　　次：2025 年 3 月第 1 次印刷
定　　价：79.00 元

产品编号：104201-01

在当前财税管理领域，数字化电子发票（简称"数电票"）已成为企业经营活动中不可或缺的重要组成部分。随着金税四期的全面实施，数电票的管理和应用也面临着更为严格的监管与要求。

金税四期是国家税务部门对税收管理体系的一次重要改革，其核心目标是加强对企业税收的管理和监控。在这一背景下，数电票作为企业交易的重要凭证，其规范管理和使用显得尤为重要。

目前，数电票在我国已经得到了广泛的应用，其建设和管理特点主要体现在以下五个方面。

（1）数字化程度高。相比于传统税控发票，数电票"三去""四无"（去纸质、去垄断、去介质，无纸化报销、无纸化入账、无纸化归档和无纸化储存）的数字化原生优势，使发票信息在企业内外高效和准确地流转，可以大幅提高发票的业务管理效率。

（2）数据共享与比对。金税四期通过大数据、人工智能等新一代信息技术对税务的征管提供支持，实现了一定程度的数电票数据共享和比对。税务部门可以对企业的数电票数据进行实时监控和分析，从而加强对企业税收的管理和监控。

（3）监管力度加强。金税四期下，对数电票的监管也更为严格。企业需要按照税务部门的规定进行数电票的开具、使用和管理，任何违规行为都将受到严肃处理。

（4）纳税人服务水平提高。金税四期推出了自助查询、自助申报、自助申领等服务，方便纳税人自行处理相关业务。同时，通过多终端接入（如个人计算机、手机、平板电脑等），纳税人可以实时掌握自己的税务信息。

（5）税收治理能力增强。金税四期通过海量数据之间相互印证，由"人管人"到"程序管人"的管理模式转变，由"以票管税"到"以数治税"的税收分类精准监管转变，由经验分析到大数据分析的分析模式转变，增强了税收治理能力。

金税四期下，数电票的建设和管理得到了进一步提升和完善，实现了数电票的全流程电子化、数据共享与比对、监管力度加强等目标，为我国税收治理能力的提升奠定了基础。

虽然在金税四期下，数电票为我国税制管理带来了诸多便利，但同时也带来了一些挑战，比如更深层、立体化的税控监管推动企业进行发票全流程数字化和智能化升级。企业需要考虑众多因素，包括敏捷响应政策变化、财务团队的专业性等。

为了帮助广大读者朋友更好地应对这些问题，本书从金税四期管控下数电票管理的实际出发，结合编者多年的实践经验，对数电票管理中的常见问题进行了精心总结和详细解析，并提供了相应的解决方案。通过阅读本书，读者朋友可以更深入地理解数电票的管理和使用，有效避免一些常见的错误，同时也能更好地应对税务部门的监管。

本书共 11 章，内容涵盖了数电票管理的全过程。

其中第一章"基础知识"介绍了金税四期的背景知识及数电票的基本概念，可以帮助读者朋友更好地理解数电票的基础知识和建设现状。第二章"电子发票服务平台"、第三章"授信额度"、第四章"身份管理"分别介绍了数电票的开票平台及其授信额度、身份管理等相关内容，以帮助读者朋友增进对电子发票服务平台的了解。第五章"乐企服务"介绍了智慧税务的创新模式——乐企服务，帮助读者朋友了解我国在税务管理方面的实践和探索，以及相关的应用空间。第六至第十一章介绍了数电票的实操细节，分别对发票开具、发票交付、发票查询与查验、发票入账、抵扣勾选、增值税申报等纳税人在使用电子发票服务平台开票时容易遇到的问题进行了有针对性的总结和分析，手把手帮助读者朋友掌握数电票的开票流程。

在编写本书的过程中，编者借鉴了大量的实践经验和理论知识，力求为读者朋友提供最准确、最实用的解析和建议。然而，需要指出的是，数电票管理是一个不断变化和更新的领域，本书中的内容仅供参考，具体操作时还需结合实际情况。

最后，感谢您选择本书，希望本书能够为您在数电票开票及管理方面提供切实的帮助和建议。祝您在企业经营道路上一切顺利！

编　者

# 目 录

第一章

# 基础知识

# 一、"金税工程"是如何建设的?

2022 年底,某公司为了更好地迎接金税四期的到来,决定开展一期关于金税工程"数电票"的内部培训,以提升员工的业务能力。负责培训工作的小吴接到任务后,开始在网上查找相关资料。

在阅读大量的资料后,小吴发现,金税工程经历了一段长期的建设过程,其中一些细节问题,和自己过往了解到的有一些不同。于是,小吴决定把这些细节问题都记录下来,在培训会上好好和同事们分享一下。

那么,小吴都了解到了金税工程①的哪些资料呢?我们先来看看小吴在培训会上关于金税工程建设的分享。

## 金税工程的建设历程

我国自 1994 年 3 月开始试点金税工程,到 2021 年 12 月 1 日,全国统一的电子发票服务平台在广东、内蒙古、上海等多省市推广上线,金税工程历时近 30 年的建设,经历多次变迁,如图 1.1 所示。

### 1. 金税一期:初步尝试计算机管税

金税一期从 1994 年开始启动,我国开始试点以增值税为主要内容的工商税制改革,为适应增值税改革的要求,增值税专用发票应运而生。在这一时期,信息技术还处于初步发展的阶段,上游企业开出的真实发票中的相关数

---

① 金税工程:金税工程作为经国务院批准的国家级电子政务工程十二金之一,是吸收国际先进经验,运用高科技手段,结合我国增值税管理实际设计的高科技管理系统。

图 1.1　金税工程的建设历程

据，需要专业的税务人员手工录入防伪系统才能备案，不仅工作烦琐，还容易出错。加上增值税专用发票不仅能作为购销凭证，而且能抵扣税款，因此在利益的驱使下，利用虚开、代开、伪造增值税专用发票等手段进行经济犯罪的行为屡禁不止。为彻底打击这些违法犯罪行为，税务部门开始筹建以增值税计算机稽核系统、增值税专用发票防伪税控系统、税控收款机系统为子系统的金税一期工程。

　　然而，小城市的税务机构没有办法配备计算机，使得金税一期只能在 50 个经济实力较强的大中城市进行试点，主要是增值税交叉稽核系统和防伪税控系统试水。由于手工采集的数据错误率高，只有 50 个城市运行，覆盖面不足，使得金税一期开发的增值税交叉稽核系统在 1996 年就停止运行了。

## 2. 金税二期：由经验管税过渡到以票控税

金税二期从 1998 年开始启动。此次税制改革，建立了基于企业申报信息稽核为主导、以发票信息稽核为辅助的增值税计算机稽核系统，并于 2001 年 7 月 1 日在全国全面开通，目的是借助 IT 系统让每一张增值税发票都可以查验、溯源，有效杜绝利用假发票偷税的事件。

随着增值税计算机稽核系统在全国税务机关普及，人工开具的发票得到有效禁止，直到 2003 年，全国范围内的增值税发票由以前的手写基本改为税务机器打印。发票改为税务机器打印，也意味着接入防伪系统，使得利用假发票偷税的漏洞被彻底堵死。

## 3. 金税三期：进一步强化发票监管

金税三期于 2013 年推出，在广东、山东、河南、山西、内蒙古、重庆 6 个省（市）级国地税局试点后，于 2016 年 10 月完成了全国范围内的推广。金税三期包括"一个平台，两级处理，三个覆盖，四个系统"，即：基于统一规范的应用系统平台；依托计算机网络，在总局和省局两级集中处理信息；覆盖所有税种，覆盖所有工作环节，覆盖国、地税局并与相关部门联网；设置征管业务、行政管理、决策支持、外部信息四大系统。

金税三期不仅标志着国家税收管理系统的一次重大进步，也是税收征管改革进程中的必要环节，税收征管改革的转型从金税三期中可见一斑。

一是管理环节的后置。随着简政放权大潮，税务机关对前置的审批项目正在大面积缩减，取而代之的是后置环节的后续管理与风险控制。金税三期特别为风险控制开发了相应的决策系统，助力税收征管事后发力。

二是专业化管理的转型。由于管理对象体量的逐年壮大，传统的税收管理员单点方式已难以应对，推进专业化链条管理有利于在有限征管力量的前提下提升管理的效率，降低管理风险。金税三期基本统一了全国涉税管理事项流程，既提升了扣缴义务人和纳税人的办税体验，也为专业化管理奠定了有力的信息系统基石。

三是数据化管理的推进。在信息网络的大潮下，征管改革的重点也逐步由凭证管理转向数据管理，逐步朝向信息化、数据化、网络化的方向不断推进。金税三期的上线不仅为数据化管理的标准、处理、应用打下了坚实的基础，也为未来的全数据化征管开展了有益的尝试。

### 4. 金税四期：开启"以数治税"新时代

2020年10月，《中共中央关于制定国民经济和社会发展第十四个五年规划和二〇三五年远景目标的建议》（以下简称《建议》）明确提出数字化发展方向：迎接数字时代，激活数据要素潜能，推进网络强国建设，加快建设数字经济、数字社会、数字政府，以数字化转型整体驱动生产方式、生活方式和治理方式变革。其中，《建议》第二十一章提到建立现代财税金融体制，完善现代税收制度。金税四期就是在这一背景下诞生的。

2020年11月，政府发布采购意向公告，准备启动金税四期工程。金税四期是实现税务总局决策指挥端的指挥台以及相关配套功能系统的总称。金税四期主要部署于税务局的内网，实现对业务更全面的监控，同时搭建各部委、人民银行及银行等参与机构之间信息共享和核查的通道。

2021年是落实中办、国办印发《关于进一步深化税收征管改革的意见》（以下简称《意见》）的第一年，也是金税四期工程建设的开启之年。

金税四期建设的总体要求包括"两化、三端、四融合"。其中，"两化"是指数字化升级和智能化改造，"三端"是指以纳税人端、税务人端、决策人端为主体的智能应用体系，"四融合"是指算量算法算力、技术功能和组织机能、税务财务业务、治税治队治理的一体化深度融合。

由此可见，金税四期和数电票之间的关系是紧密联系的。数电票是金税四期系统的重要组成部分，旨在推动税收现代化、企业财务数字化和减轻企业负担等方面的发展。金税四期通过数电票这一工具，实现了税收管理的数字化、智能化和现代化。此外，发票电子化改革（金税四期）也不单纯是一个信息化项目，还是推进税收治理体系和治理能力现代化的一个系统性改革工程，是一场涉及整个税收工作的重大变革。

自2021年12月1日起，金税四期的建设内容之一——全国统一的电子发票服务平台，已经在广东、内蒙古、上海、四川、厦门、青岛、陕西、重庆、天津、大连等多省市推广上线。

**"数电票"知识讲堂**

**与金税其他产品和同类产品比较，金税四期有什么特点？**

相比金税其他产品和同类产品，金税四期的特点可以用四个"全"来概括，即全业务、全方位、全流程、全智能。

（1）全业务：金税工程前三期的监管内容主要是在税务方面，而金税四期不仅在税务方面，还纳入了"非税"业务，以实现对业务更全面的监控，就是说个人与企业的一切资金流水，都在金税四期税务系统的监管之下。

（2）全方位：金税四期最大的亮点在于打通了各部委、人民银行以及银行等参与机构之间信息共享、核查的通道，实现企业相关人员的手机号码、企业纳税状态、企业登记注册信息核查的三大功能。

（3）全流程：随着金税四期的快速推进，将构建更强大的现代化税收征管系统，实现全国范围内税务管理征收业务的通办，实现"税费"全数据、全业务、全流程"云化"打通，进而为智慧监管、智能办税提供条件和基础。

（4）全智能：金税四期税收监管征收管理系统将充分运用大数据、人工智能等新一代信息技术，从而实现智慧税务和智慧监管。各个部门的数据共享，并以大数据为支撑，实现每个市场主体全业务、全流程、全国范围内的"数据画像"。

# 二、数电票到底是什么?

2023 年 3 月，新入职某财务公司的小方正坐在工位前理账，突然听到旁边的同事说，随着金税四期的建设工作进一步推进，全电发票悄悄地改名了，据说要改成"数电票"了。

小方一头雾水，心里不由地起了一个疑惑：数电票是什么？

## 数电票是什么?

数电票是全面数字化电子发票的简称，曾被称为全电发票，是全新的电子发票形式。数电票不以纸质形式存在，不用税控盘[①]、UKey[②]等介质支撑，无须申请领用、发票验旧及申请增版增量，与纸质发票具有同等法律效力，既能有效防范发票造假，也大大提高了发票的便利性。

为什么要将全面数字化电子发票的简称由全电发票改为数电票呢？其实很好理解，全电发票改为数电票，能很好地强调数字化的票税底座，凸显金税四期"以数治税"的核心：运用大数据、云计算、人工智能、移动互联网等现代信息技术，以税收大数据为驱动力，全面推进税收征管数字化升级和智能化改造。

---

① 税控盘：又称税控服务器，是一种专用的税控装置，按照国家税务总局的"税控盘技术规范"进行研制，是专用的税控装置。该装置分为单税号税控服务器和多税号税控服务器。

② UKey：即 USB Key。USB Key 是一种 USB 接口的硬件设备。它内置单片机或智能卡芯片，有一定的存储空间，可以存储用户的私钥及数字证书。

# 数电票的优点

数电票作为全新的电子发票形式，具有如下优点。

## 1. 精简的申领发票流程

数电票不再需要纳税人预先领取税控盘、UKey 等税控设备，只需通过网络在电子发票服务平台网站登录验证身份即可进行开票总额度申请等相关操作，无须申请领用税局定制印刷的纸质发票实体，破除了传统特定硬件的束缚。

## 2. 便捷的开票方式

纳税人可以通过电脑网页端、客户端手机 App 等多个渠道随时随地开具数电票，进行发票开具、交付、查验及勾选等系列操作，享受"一站式"服务。

## 3. 方便的保存方式

数电票开具之后，可以以数据电文 XML 的形式交付，突破了传统的以 PDF、OFD 等格式交付的要求。同时，开票后自动发送至开票方和受票方的税务数字账户，减少了人工收发的环节，方便又快捷。

## 4. 标签化的分类方式

数电票通过标签来对电子发票的功能、状态、用途等进行分类管理，实现了数电票全流程数字化流转。

## 5. 快速的要素化判断

数电票涵盖了基本要素、特定要素、附加要素等 3 个要素。通过要素分析，系统可以自动判断纳税情况，减少偷税漏税的行为；同时，采用了人工填写、自动预填、自动录入、选择填写等多种填写方式，大大节省了人力成本。

## 6. "系统＋人工"相结合的授信制管理

金税四期采用"信用+风险"的防控体系，能结合纳税人的生产经营、开票和申报行为（每月开具发票的金额及纳税信用等级），动态调整开具金额总额度，实现"以系统授信为主，人工调整为辅"的授信制管理。目前，授信的方式有初始登录授信、月度动态授信和人工调整授信。

**"数电票"知识讲堂**

**数电票有哪些保存格式？**

根据《财政部会计司关于公布电子凭证会计数据标准（试行版）的通知》：

第一，接收方仅使用数电票含有数字签名的 XML 文件进行报销入账归档，可不再另以纸质形式保存。

第二，接收方如果需要以数电票的 PDF、OFD 格式文件的纸质打印件作为报销入账归档依据的，应当同时保存数电票含有数字签名的 XML 格式电子文件。

# 三、从数电票票面中能得到哪些信息？

2023 年 5 月，深圳市某财务公司为了跟上数电票的建设步伐，决定对公司所有员工进行一场数电票开票的培训。培训过后，该公司对员工进行了开票流程考核，以检验培训效果。测试结束后，员工小娟没有通过测试，原因是她忽视了一些必填内容，以致开票信息不明确，最终开票失败。

通过上述案例，我们可以看出，纳税人想要成功开票，还需要了解清楚数电票票面的需填信息。那么，一张普通的数电票，一般具备哪些信息呢？

## 数电票的票面信息

一般而言，数电票的票面信息主要包括动态二维码、发票号码、开票日期、购买方信息、销售方信息、项目名称、规格型号、单位、数量、单价、金额、税率/征收率、税额、合计、价税合计（大写、小写）、备注、开票人。

除了上述信息，有些特定行业、经营特殊商品服务及特定应用场景业务的纳税人对开具发票有一些个性化的需求，为了满足这些需求，税务机关在数电票中针对性地设计了相应的特定业务，包括稀土、建筑服务、旅客运输服务、货物运输服务、不动产销售、不动产经营租赁、农产品收购、光伏收购、代收车船税、自动农产品销售、民航、铁路、差额征税等。纳税人可以在特定内容栏次，按照规定将业务填写在发票备注等栏次上。特定业务的数电票票面按照特定内容展示相应信息，同时票面左上角展示该业务类型。

试点纳税人在开具数电票时，可以按照实际业务开展情况，选择特定业务，填写特定信息，原规定应填写在发票备注栏的相应内容无须重复填写，进一步规范发票票面内容，便于纳税人使用。特定业务的数电票票面按照特定内容展示相应信息，同时票面左上角展示该业务类型。信息填写出现误填、少填、漏填，可能就会和上面案例中的小娟一样，开票失败，无法报税。

**"数电票"知识讲堂**

通过电子发票服务平台开具发票时，是否每次都需要手动录入发票的全部票面信息？

在电子税务局开具数电票时，可以通过电子发票服务平台的"基础信息维护"模块来维护项目及客户的基础信息。完成维护后即可在开具发票时直接选择对应的项目完成发票信息预填，无须手动录入。

# 四、数电票包含增值税专用发票吗？

为了合理合规降低企业纳税成本，深圳某公司规定员工每月都要统计购买物品、出差、出行等产生的费用，并根据开具相应的增值税发票进行报销。2023年4月，由于该公司进行金税四期数电发票试点，规定员工开具的发票必须为数电票。不少员工产生了一个疑惑：数电票包含增值税专用发票吗？

上述案例中员工的疑惑，归根结底还是对数电票这一发票形式不熟悉的缘故。前面已讲过数电票包含增值税专用发票，但是数电票具体包括哪些样式的发票呢？我们在本节中做一个梳理。

## 数电票包含的发票样式

数电票通过标签化、要素化，设计了显性标签和特定要素，将多个票种集成归并为电子发票单一票种，设立税务数字账户，实现全国统一赋码、智能赋予发票开具金额总额度、自动流转交付。

当前，数电票主要包括下面15种发票样式：增值税专用发票、普通发票、稀土电子发票、建筑服务电子发票、旅客运输服务电子发票、货物运输服务电子发票、不动产销售电子发票、不动产经营租赁电子发票、农产品收购电子发票、光伏收购电子发票、代收车船税电子发票、自产农产品销售电子发票、差额征税电子发票（差额开票）、差额征税电子发票（全额开票）、成品油电子发票。这15种发票样式可以参考本书末尾的附录。

**"数电票"知识讲堂**

**非数电票的增值税发票还可以用于报销吗？**

我国自 2016 年 1 月起统一实施增值税电子发票系统，非数电票试点地区使用增值税电子发票系统开具增值税电子普通发票。这意味着我们可以使用电子发票作为报销证明。对于非试点企业，无论是否为试点范围的企业，收到的电子发票均可作为报销凭证。

# 五、数电票 VS. 传统税控发票，
# 是大相径庭还是大同小异？

一天，财务小王正在整理账目，员工小李跑了过来，说想要报销，随后将报销发票和相关材料递给了小王。小王接过来看了看，说："我们已经被纳入数电发票试点，可以开具数电票了，方便归档保存。"小李有些疑惑，问道："这些发票和数电票有什么区别呢？"

小王拿了一份发票说明资料给小李，小李看后恍然大悟。

那么，数电票和传统税控发票究竟有什么相同点和不同点呢？

## 数电票 VS. 传统税控发票

传统税控发票，就是使用增值税发票开票软件（即税控设备，包括 UKey、金税盘、税控盘）开具的发票。

数电票是全新的电子发票形式，作为电子发票，它与现有发票（电子发票、纸质发票、普通发票、增值税专用发票等）有相同点，又有不同点。

### 1. 相同点

数电票与现有发票具有同等法律效力，其中，带有"增值税专用发票"字样的数电票，其法律效力、基本用途与现有增值税专用发票相同；带有"普通发票"字样的数电票，其法律效力、基本用途与现有普通发票相同。数电票与现有纸质发票都能有效防范发票造假。

### 2. 不同点

数电票在票面表现样式、开票方式、管理方式、交付方式等都与现有发票有所差异，具体表现如下。

（1）表现样式不同。

数电票与现有发票在表现样式上有所差异。

数电票将现有发票的样式由发票代码和发票号码统一成 20 位发票号码，取消了校验码、密码区、收款人、复核人、销售方（章），新增了动态二维码。数电票将现有发票中备注栏的手工填列、无法采集的内容设置为固定可采集、可使用的数据项，并在票面上展示。此外，数电票特定业务会影响发票的展示内容，不同的特定业务的发票票面内容会有所不同（详见本书最后的发票样票展示附件）。

（2）开票方式、票面信息、交付方式和管理方式不同。

①开票方式。

优化了开票流程，精简了开票所需信息。对开票方来说，纳税人通过实名验证，无须领用发票、无须票种核定（新公司核定税种除外）、无须开票介质，随时可以开票。此外，在电子税务局开具发票时，纳税人在授信总额度内可以开具任意张数和任意金额。这突破了过往份数和单张限额限制，省去了纳税人拆分开票、顶额开票的烦恼。对受票方来说，受票方无须提供银行账号及地址等信息，开票方可以更快捷地完成开票。根据《财政部国家档案局关于规范电子会计凭证报销入账归档的通知》（财会〔2020〕6 号）和《会计档案管理办法》（财政部国家档案局令第 79 号）的相关规定：

第一，纳税人可以根据《通知》第三条、第五条的规定，仅使用数电发票电子件进行报销入账归档的，可不再另以纸质形式保存。第二，纳税人如果需要以数电发票的纸质打印件作为报销入账归档依据的，应当根据《通知》第四条的规定，同时保存数电发票电子件。

②票面信息。

票面展示优化。数电票票面取消了发票密码区、发票代码、校验码、收款人、复核人、销售方（章）。同时，纳税人开具货物运输服务、建筑服务等特定业务发票的，在电子税务局中开具的发票将按照如下票面内容展示特定信息。

去银行化设计。数电票取消了原销售方栏次的"开户银行及账号"和"地址、电话"栏次，减少了填写起来比较烦琐的银行账户和联系方式等信息，使得开具发票和查看发票更加简洁、高效。

增加开具人信息。在数电票的"销售方:（签章）"栏次中增加了"开具发票人"和"复核人"等相关信息，明确了开具和复核的责任人，增加了发票的真实性和可信度，也有利于纳税人更好地维护自己的权益。

③交付方式。

金税四期前的电子发票常用的交付方式是邮箱、二维码、下载发票文件等3种，金税四期试点的数电票优化为自动交付和自行交付2种方式，见表1.1。

表 1.1　电子发票和数电票的交付方式对比

| 发票类型 | 交付方式 | 具体操作 |
| --- | --- | --- |
| 电子发票 | 邮箱交付 | 在操作页面点击【邮箱交付】，在弹出页面选择文件格式和输入邮箱地址，点击【发送】进行交付 |
| | 二维码交付 | 在操作页面点击【二维码交付】，在弹出页面将二维码展示给购买方，由购买方扫描二维码获取发票 |
| | 下载发票文件 | 在操作页面点击【下载发票文件】，在弹出页面选择文件格式后，将发票下载到电脑本地，再通过其他方式交付给购买方 |
| 数电票 | 自动交付 | 销售方成功开具发票后，系统默认将电子发票文件及数据自动交付至购买方（包括经办人）税务数字账户 |
| | 自行交付 | 纳税人可自行选择电子邮件、二维码、电子文件导出等方式交付数电发票 |

④管理方式。

数电票的开具和管理都可以通过电子方式进行，可以随时随地在线上操作，大大提高了发票管理的效率和方便性，也减少了人工操作和人为错误的可能性。

总之，数电票的优化设计旨在更好地满足纳税人的开具和使用需求，提高发票的清晰度和可信度，降低开具成本和管理难度，促进税收管理的数字化和智能化。

（3）开具份数、限额不同。

通过电子发票服务平台开具数电发票，在开具金额总额度内，没有发票开具份数和单张开票限额限制。通过增值税发票管理系统开具电子发票（即"纸电发票"），最高开票限额和每月最高领用数量仍按照现行有关规定执行。

（4）票种核定、领用方式不同。

数电发票无须进行发票票种核定和发票领用，通过电子发票服务平台开具数电发票，无须进行发票验旧操作。数电发票实现"去介质"，纳税人不再需要预先领取专用税控设备；通过"赋码制"取消特定发票号段申领，发票信息生成后，系统自动分配唯一的发票号码；通过"授信制"自动为纳税人赋予开具金额总额度，实现开票"零前置"。

电子发票（即"纸电发票"）的票种核定、数量变更、领用验旧、缴销退回及最高开票限额申请、变更等业务，均按照现有办税途径和业务流程办理。

（5）发票号码、代码及编码规则不同。

数电发票的发票号码为20位，其中：第1~2位代表公历年度后两位，第3~4位代表各省、自治区、直辖市和计划单列市行政区划代码，第5位代表数电发票开具渠道等信息，第6~20位代表顺序编码等信息。数电发票没有发票代码。

电子专票的发票代码为12位，编码规则：第1位为0，第2~5位代表省、自治区、直辖市和计划单列市，第6~7位代表年度，第8~10位代表批次，第11~12位为13。发票号码为8位，按年度、分批次编制。

电子普票的发票代码为12位，编码规则：第1位为0，第2~5位代表省、自治区、直辖市和计划单列市，第6~7位代表年度，第8~10位代表批次，第11~12位代表票种（11代表电子普票）。发票号码为8位，按年度、分批次编制。

（6）开具红字发票流程不同。

纳税人取得开票方通过电子发票服务平台开具的发票，发生开票有误、销货退回、服务中止、销售折让等情形，需开票方通过电子发票服务平台开具红字数电发票或红字纸质发票，按以下规定执行。

①受票方未做用途确认及入账确认的，开票方填开《红字发票信息确认单》后全额开具红字数电发票或红字纸质发票，无须受票方确认。

②受票方已进行用途确认或入账确认的，由开票方或受票方填开确认单，经对方确认后，开票方依据确认单开具红字发票。受票方已将发票用于增值税申报抵扣的，应暂依确认单所列增值税税额从当期进项税额中转出，待取得开票方开具的红字发票后，与确认单一并作为记账凭证。

发起冲红流程后，开票方或受票方需在 72 小时内进行确认，未在规定时间内确认的，该流程自动作废，需开具红字发票的，应重新发起流程。

冲红原因由纳税人根据业务实际来确定。需要注意的是，如原蓝字发票商品服务编码仅为货物或劳务时，红冲原因不允许选择"服务中止"；商品服务编码仅为服务时，红冲原因不允许选择"销货退回"。

纳税人开具电子发票（即"纸电发票"）后，发生销货退回、开票有误、应税服务中止、销售折让等情形，需要开具红字电子发票的，仍然按照现行规定填开《开具红字增值税专用发票信息表》，信息表校验通过后，仍需通过增值税发票管理系统开具红字发票。

（7）数电票和传统税控发票对不同试点纳税人的支持情况也是不同的。

我们先来看国家税务总局深圳市税务局在 2023 年 3 月 29 日发布的《国家税务总局深圳市税务局关于开展全面数字化的电子发票试点工作的公告》相关的文字描述：

五、电子发票服务平台支持开具增值税纸质专用发票（以下简称"纸质专票"）和增值税纸质普通发票（折叠票，以下简称"纸质普票"）。

通过电子发票服务平台开具的纸质专票和纸质普票，其法律效力、基本用途与现有纸质专票、纸质普票相同。其中，发票密码区不再展示发票密文，改为展示电子发票服务平台赋予的 20 位发票号码及全国增值税发票查验平台网址。

六、试点纳税人通过实名认证后，无须使用税控专用设备即可通过电子发票服务平台开具发票，无须进行发票验旧操作。其中，数电票无须进行发票票种核定和发票领用。

我们可以通过表 1.2 来得到更直观的了解。

表 1.2　数电票和传统税控发票对不同试点纳税人的支持情况

| 数电票试点纳税人 | 开具纸质发票平台 | |
| --- | --- | --- |
| | 电子发票服务平台 | 增值税发票管理系统 |
| 新办试点纳税人（电子发票服务平台升级至 1.5 版后，新设立登记且未使用增值税发票管理系统开具纸质专票和纸质普票的） | 支持 | 不支持 |

续表

| 数电票试点纳税人 | 开具纸质发票平台 | |
| --- | --- | --- |
| | 电子发票服务平台 | 增值税发票管理系统 |
| 存量试点纳税人<br>（电子发票服务平台升级至 1.5 版前，设立登记或已使用增值税发票管理系统开具纸质专票和纸质普票的） | 支持<br>（注意：在试点之前的纸票不支持在电子发票服务平台中开具，当结存的纸质发票全部开具并验旧后，可切换到电子税务局平台开具纸质发票） | 支持 |

 **"数电票"知识讲堂**

**数电票来了，还能开纸质发票吗？**

可以。通过电子发票服务平台可以开具纸质专票和纸质普票，可实现"去介质"、随时随地线上开票。以广东省为例，法定代表人、财务负责人或开票员通过广东省电子税务局进入【我要办税】-【开票业务】模块，在功能菜单中选择【纸质发票业务】，即可办理【纸质发票作废】、【纸质发票退回】、【纸质发票号段分配】等用票业务。

# 六、数据安全和隐私，纳税人最关心的是什么？

某数电票试点公司的员工小欧坐在电脑旁，心情有些苦恼。原来，他在和客户对接开发票时发现，一些客户见开票不用税控盘、UKey等工具，担心这样的操作不安全，会泄露自己的隐私信息、财产信息，因此不愿意配合开具数电票。

分析上述案例故事中小欧的遭遇，可以认为是客户对于金税工程的运作情况不熟悉，不了解金税四期的稽查技术、保密技术导致的。本节中，我们将对金税四期下数电票的相关技术进行剖析，为读者揭开金税四期数据安全技术的面纱，让大家对金税四期有更加全面的认识。

## 金税四期与数据安全、隐私保障

金税四期在建设中运用了大数据、云计算、人工智能等前沿技术，使"互联网+"在税务领域得到深度融合和应用。随着金税四期工程的推进，现代税收征管体系将变得更加强大，智能化办税监管将变得更加稳固，实现从"以票控税"向"以数治税"的税收征管模式转变。

从数据共享和协同上看，金税四期打通了税务、海关、银行等多个部门之间的数据，实现了多部门的数据共享与协同，提高了税务征管的精度和效率。

从业务流程上看，金税四期对税务管理的相关环节都进行了优化，简化了纳税申报和税务稽查等流程，提升了办税效率和纳税人的体验。

从移动互联网的应用上看，金税四期实现了"去介质"，纳税人可以通过手机、平板、笔记本等移动终端，随时随地进行纳税申报和查询。

从数据的安全性上来看，金税四期的电子发票服务平台利用数字信封技术，对发票数据传输通道进行加密，能保证数据流转的安全性，防止数据被窃取、篡改、冒充，能最大限度地保障交易的安全性。

从纳税人的隐私保护上来看，通过采用多层次、全方位的数据加密和访问权限控制等技术手段，金税四期的电子发票服务平台能有效地防止黑客攻击、病毒感染、信息泄露等安全问题，确保税收数据的完整性和保密性。

总之，金税四期相比金税三期在数据共享和协同、业务流程、移动互联网应用、数据安全和隐私保护等方面有了更加全面和深入的提升，为中国税务管理信息化的不断发展提供了坚实的支撑。

## “数电票”知识讲堂

**收到数电票，可以通过什么渠道对发票信息进行查验？**

可以通过电子发票服务平台和全国增值税发票查验平台查验。

（1）通过电子发票服务平台查验。

登录电子发票服务平台税务数字账户后，依次点击【我要办税】-【税务数字账户】-【发票查验】，进入查验界面。

（2）通过国家税务总局全国增值税发票查验平台查验。

登录网站后，只需要输入【发票号码】、【开票日期】、【价税合计】、【验证码】，然后点击【查验】。发票正常无误的话，系统会显示票面信息及查验的次数和时间等。若发票信息有异常，则会提示“结果：不一致”。

# 七、数电票的两大推广策略是什么?

娜娜是某公司财务部的实习生。一天，她在整理发票报销文件时，发现有的公司开具的是数电票，但某些公司开具的还是纸电发票[①]。娜娜心中不免有一些好奇，不是说需要用数电票进行报销了吗，为什么还能开出纸电发票呢?

带着这份好奇，娜娜通过在网络上多方查找，终于弄清了原委。

原来，这和数电票的推广策略有关。在本节中，我们就来聊聊数电票的两大推广策略，看看它是如何一步一步走向全国的。

## 数电票的两大推广策略

数电票在目前的推广过程中，主要有如下 2 个推广策略。

### 1. 由点到面，分阶段稳步扩大试点范围

数电票主要采用由点到面，分阶段进行试点推广的策略。该策略可分为三个阶段：第一阶段先在试点市（区）进行小循环推广；第二阶段从试点市（区）覆盖至试点省份（区）；第三阶段进行全国范围推广，见表 1.3。

表 1.3　已全面开展数电票试点税区

| 全面开展时间 | 税区 | 开票 | 受票 |
|---|---|---|---|
| 2021 年 12 月 1 日 | 广东（不含深圳）、上海、内蒙古自治区 | √ | √ |
| 2022 年 5 月 10 日 | 四川 | — | √ |

---

① 纸电发票：是基于纸质发票的样式，将纸质发票票面电子化，是纸质发票的电子映像和电子记录，为 PDF、OFD 等特定版式。

| 全面开展时间 | 税区 | 开票 | 受票 |
| --- | --- | --- | --- |
| 2022 年 6 月 21 日 | 江苏、深圳、浙江（不含宁波）、北京、山东（不含青岛） | — | √ |
| 2022 年 7 月 18 日 | 陕西、重庆、河南、江西、福建（不含厦门）、河北、湖北、湖南、安徽 | — | √ |
| 2022 年 7 月 31 日 | 青岛、宁波、厦门 | — | √ |
| 2022 年 8 月 28 日 | 吉林、甘肃、海南、辽宁（不含大连）、天津、云南、山西、广西、西藏、宁夏、贵州、黑龙江、青海 | — | √ |
| 2022 年 10 月 | 四川 | √ | √ |
| 2022 年 11 月 30 日 | 厦门 | √ | √ |
| 2023 年 1 月 28 日 | 青岛、大连、重庆、天津、陕西 | √ | √ |
| 2023 年 3 月 27 日 | 河南、吉林 | √ | √ |
| 2023 年 3 月 30 日 | 深圳、宁波、福建、云南 | √ | √ |
| 2023 年 4 月 27 日 | 山西、辽宁、江苏、浙江、江西、海南、甘肃、广西 | √ | √ |
| 2023 年 9 月 22 日 | 河北、湖北、黑龙江、新疆维吾尔自治区 | √ | √ |

**2. 由纸电发票向数电发票衔接**

由于数电票在推广过程中，存在试点新办纳税人和试点存量纳税人的情况，对于这两部分纳税人，数电票的推广策略也有所不同，基本策略是引导纳税人由纸电发票向数电发票过渡，如图 1.2 所示。即对于新办试点纳税人，即电子发票服务平台升级至 1.5 版后，新设立登记且未使用增值税发票管理系统开具纸质专票和纸质普票的，只能使用电子发票服务平台进行发票开具；对于存量试点纳税人，即电子发票服务平台升级至 1.5 版前，设立登记或已使用增值税发票管理系统开具纸质专票和纸质普票的，可以通过电子发票服

（注：旧系统包括增值税发票管理系统和升级前的电子发票服务平台）

图 1.2　数电票推广由旧系统逐步过渡到电子发票服务平台

务平台和增值税发票管理系统开具纸质发票，这也是为什么案例中的娜娜会看到两种不同的发票；对于非试点地区的纳税人，依然可以使用税控设备开具发票。

**"数电票"知识讲堂**

**纳税人可以通过哪些专业渠道了解数电票推广的相关信息？**

纳税人除了查看相关的新闻、咨询了解数电票的推广信息外，还可以通过电子税务局、办税服务厅、12366纳税服务热线、税务门户网站、官方微信等渠道来及时了解数电票的相关信息。

# 八、对方不认数电票该怎么办？

深圳某企业员工小王在和中部地区的某企业完成订单交易之后，按照对方的要求开具了交易发票。对方由于对数电票不熟悉，要求小王提供纸质发票或者其他交易合法性的文件。小王着急了，心想，这就是自己刚刚从电子发票服务平台官方网站开具的合法文件呀！

面对这种情况，小王该如何向对方证明并让对方接纳开具的发票文件呢？本节我们就来讨论，使用数电票，如果对方不认账该怎么办？

## 数电票的合法性

目前，数电票在全国范围内进行试点，我们可以通过各省（市、区）税务局发布的官方文件了解其合法性。

如辽宁省发布的《国家税务总局辽宁省税务局关于开展全面数字化的电子发票试点工作的公告》（国家税务总局辽宁省税务局公告 2023 年第 1 号）第二条中规定："数电票的法律效力、基本用途等与现有纸质发票相同。其中，带有'增值税专用发票'字样的数电票，其法律效力、基本用途与现有增值税专用发票相同；带有'普通发票'字样的数电票，其法律效力、基本用途与现有普通发票相同。"

除了辽宁省，广东、江西、内蒙古、重庆等试点省份（市、区）的公告中也有"数电票的法律效力、基本用途等与现有纸质发票相同"等明确的文字规定。

因此，我们在面对案例中小王同样的遭遇，或者对对方开具的数电票有疑问时，可以通过官方平台查验，具体查验步骤可参考本章第六节的"'数电票'知识讲堂"。

### "数电票"知识讲堂

**客户要求对打印出来的数电发票加盖发票专用章，怎么办？**

如果遇到有要求对打印出来的数电发票加盖发票专用章的客户，我们可以对其进行说明，如果客户一定要加盖发票专用章，我们也可以打印下来加盖发票章。

# 九、数电票试点纳税人，人人都有资格吗？

某公司的老板张总在和客户对接业务时发现，很多客户都逐渐转为数电票试点纳税人，客户在和张总聊起数电票的一些事情时，总是对数电票简易的领票流程、便捷的开票及用票方式等连连夸赞，使得张总对成为数电票的试点纳税人期待不已，但是不知道该如何成为数电票试点纳税人。

那么，张总想要成为试点纳税人，该怎么办呢？

## 如何成为数电票试点纳税人？

为了落实中共中央办公厅、国务院办公厅印发的《关于进一步深化税收征管改革的意见》要求，各地税务局和相关单位都在加大推广使用数电票的力度。各地对纳税人试点范围要求基本一致，除了"不使用网络办税或不具备网络条件的纳税人暂不纳入试点范围"外，还有如下情形的纳税人不纳入试点。

（1）存在严重涉税违法失信行为。

（2）存在国家税务总局规定的增值税发票风险。

（3）经税收大数据分析发现重大涉税风险。

除了以上情形，其他均有机会纳入试点纳税人。

各省（市、区）的试点纳税人范围在时间要求上略有不同，以四川省为例，四川省于 2022 年 10 月 28 日起正式试点数电票，试点纳税人范围为：2022 年 10 月 28 日前设立登记的已使用增值税发票管理系统开具增值税专用发票及增值税普通发票的纳税人；2022 年 10 月 28 日起新设立登记的需使用增值税专用发票和增值税普通发票的纳税人。

因此，对于有数电票开票业务需求的纳税人，可以通过下面的方法查验数电票试点纳税人资质，或申请成为数电票试点纳税人。

首先，纳税人可以联系主管税务机关，确认是否有资格成为数电票试点纳税人。若纳税人的确有数电票需求，也可向主管税务机关提出申请。

其次，申请通过后的数电票试点纳税人，可以通过以下方式，开通数电票的开票权限。

（1）以法定代表人或财务负责人身份登录电子税务局，依次点击【我的信息】-【账户中心】进入账户中心页面。

（2）在账户中心页面，点击【人员管理权限】-【现有办税人员】找到需要添加开票功能的办税员，并点击【管理】按钮。

（3）点击【人员权限】，勾选开票业务功能。

（4）该办税员通过"自然人业务"方式登录电子税务局时，该业务不用在【我的信息】-【账户中心】-【企业授权管理】模块进行操作。

## "数电票"知识讲堂

成为试点纳税人后，在电子发票服务平台开具发票过程中可以暂存发票信息吗？

可以。电子发票服务平台提供"发票草稿"功能，试点纳税人在开具发票过程中，如需暂时保存发票信息，可以选择"保存草稿"。

# 十、数电票对企业开票、收票有什么影响？

见习财务晓玲经过 3 个月的时间终于成功实现了转正，正在这时，公司开始大力试点数电票，迎接金税四期的到来。转正之后的晓玲工作业务涉及公司的发票开具和管理，由于之前一直使用传统电子发票和纸质发票，对于数电票不甚了解，晓玲对于数电票对公司的开票、收票的影响并不了解，心中不免有个疑问：数电票对企业开票、收票有什么影响？

## 数电票对企业开票、收票的影响

数电票从开具这一步便可以实现电子化，企业的各项业务单据、财务单据也都可以在系统内查询和追踪，从而加快企业信息流通，有利于企业全面实现数智化。

数电票对企业开票、收票的影响主要有如下表现。

### 1. 数电票对企业开票的影响

（1）降低了开票的成本。传统发票需要打印、邮寄、传递等烦琐流程，而数电票可以直接通过电子发票服务平台开具，无须购买打印机和墨盒等设备，也无须到税务局进行审批和领购，大大降低了企业的开票成本和环保负担。

（2）提高了开票效率。数电票的开具可以通过电子发票服务平台进行，无须纸质寄送或电子邮寄等烦琐流程，可以快速开具和传递发票。如一家服务业企业采用数电票进行开票，可以在服务完成后立即开具发票，避免了传统纸质发票的人工打印填写和邮寄等时间成本，提高了开票效率和客户满意度。

（3）增加了开票安全性。数电票的开具需要符合国家税收法规的要求，企业需要在电子发票服务平台进行注册和认证，才能开具数电票。同时，数电票的开具也受到税务机关的监管和限制，避免了传统发票可能存在的虚假开票和偷税漏税等问题，提高了企业的开票安全性和财务可靠性。

数电票的推行对企业开票产生了多方面的影响，其中最为重要的是降低了开票成本、提高了开票效率和增加了开票安全性。这些影响有助于企业更好地管理财务和降低经营成本，同时也符合国家税收法规的要求和环保理念。

## 2. 数电票对企业收票的影响

（1）提高了收票效率。数电票的开具方式比传统发票更加便捷，企业可以通过电子发票服务平台直接接收电子发票，无须纸质发票的邮寄和传递等烦琐流程，大大提高了企业的收票效率和方便性。如一家零售企业通过电子发票服务平台接收数电票，可以在订单完成后立即收到发票，避免了传统发票的传递延迟，提高了收票的效率和准确性。

（2）实现了发票自动化管理，降低了管理成本。数电票的推行实现了发票的电子化和数字化，企业可以通过电子发票服务平台对收到的发票进行自动化的分类和管理，避免了传统发票容易丢失或损坏等问题，提高了企业的发票管理效率和财务安全性。例如，一家制造业企业通过电子发票服务平台接收数电票，可以自动分类和管理所有的发票数据，避免了传统发票容易丢失或损坏等问题，降低了企业的管理成本和财务风险。

（3）方便了发票真伪鉴别。数电票的推行使得发票的真伪鉴别变得更加容易，企业可以通过电子发票服务平台对收到的数电票进行真伪鉴别，避免了传统发票可能存在的假票等问题，提高了企业的财务可靠性和经营安全性。例如，一家餐饮企业通过电子发票服务平台接收数电票，可以通过电子发票服务平台的【发票验真】功能（即【税务数字账户】里面的【发票验真】模块），确保收到的发票是真实的，避免了传统假票的风险，提高了企业的财务可靠性和经营安全性。

（4）提高了数据分析能力。数电票的数据可以通过电子发票服务平台进行挖掘和分析，帮助企业更好地了解经营情况和财务状况。例如，一家电商平台通过电子发票服务平台接收数电票，可以分析收到的发票数据，了解用户的消费习惯和购买情况，为企业决策提供更加准确的依据。

数电票的推行对企业收票产生了多方面的影响，其中最为重要的是提高了收票效率、实现了发票自动化管理和方便了发票真伪鉴别。这些影响有助于企业更好地管理财务和降低经营成本，同时也符合国家税收法规的要求和环保理念。

 **"数电票"知识讲堂**

**数电票开具后，无法发送怎么办？**

针对数电票无法发送的问题，可以采取以下措施进行解决。

（1）确保邮箱已完成初始化设置，并正确填写授权码。

（2）检查受票方电子邮箱账号是否填写正确，并确认受票方是否已设置接收电子发票的选项和正确设置接收设置。

（3）检查网络连接是否正常，确保网络畅通。

（4）如果以上方法仍无法解决问题，建议更换发件邮箱（纳税人需确认是否使用了163邮箱、QQ邮箱、126邮箱、139邮箱、搜狐邮箱等主流邮箱，如非主流邮箱，建议更换为上述邮箱）或联系税务机关寻求帮助。

需要注意的是，在解决数电票无法发送这一问题时，需要仔细核实每种导致故障的可能性，并进行逐一排查。同时，建议加强与税务机关的沟通和合作，共同解决相关问题，确保数电票的顺利开具和传递。

# 第二章

# 电子发票服务平台

# 一、电子发票服务平台有什么作用？

小王是一家电子发票第三方服务平台企业的员工，2023 年 4 月，公司研发的电子发票服务平台已经通过验收，只需到税务局备案就可以投入使用了。小王把准备好的材料送往税务局进行备案时，税务局告知小王，现在对第三方服务平台企业的政策不像四五年前那样宽松，资质审核越来越严格了，通过的概率可能会比较小。

小王听完，心里有些失落，思考着："为什么现在审核越来越严格了呢？"

为什么现在对电子发票服务平台企业的审核越来越严格了呢？这还得从金税工程与第三方电子发票服务平台（以下简称"电子发票服务平台"）的渊源说起。

## 金税工程与电子发票服务平台

电子发票服务平台指的是提供扫描开电子发票、智能验票、提取码开票服务的第三方服务平台。一般来说，电子发票服务平台的主要功能包括发票归集、用途确认、查询、下载、打印等。试点纳税人开具和获取各类发票时，系统自动归集发票数据并将其推送到对应纳税人的税务数字账户，从根本上解决纳税人纸质发票管理中出现的丢失、破损及电子发票难以归集等问题，还可以支持纳税人对全量发票进行用途确认、查询，对数电票进行下载、打印等。

作为信息时代的产物，电子发票同普通发票一样，采用税务局统一发放的形式给商家使用。发票号码采用全国统一编码，采用统一防伪技术，分配给商家的电子发票上附有电子税务局的签名机制。

纵观金税工程的建设历程（以金税三期为主），自 2012 年开始进行试点推广电子发票，到 2016 年电子发票的全面推广，都离不开电子发票服务平台的参与，它们为我国电子发票的推广与行业进步作出了贡献。在金税工程建设过程中，也涌现出一批具有代表性的电子发票服务平台，如航天信息股份有限公司（以下简称"航天信息"）、银联商务股份有限公司等。

电子发票服务平台的发展及相关政策如下。

2012 年 2 月 6 日，**国家发展和改革委员会/财政部/商务部等部门**联合发布《关于促进电子商务健康快速发展有关工作的通知》（发改办高技〔2012〕226 号），首次提出"开展网络（电子）发票应用试点"，开启了电子发票推广序幕。

2015 年 7 月 9 日，**国家税务总局**发布《国家税务总局关于开展增值税发票系统升级版电子发票试运行工作有关问题的通知》（税总函〔2015〕373 号），正式"启动增值税普通发票电子化试点工作"，电子普通发票逐渐为大众所接受。

2017 年 3 月 21 日，**国家税务总局**发布《关于进一步做好增值税电子普通发票推行工作的指导意见》，规定电子发票服务平台以纳税人自建为主，也可由第三方建设提供服务平台。电子发票服务平台应免费提供电子发票版式文件的生成、打印、查询和交付等基础服务。

2019 年 4 月 4 日，**国家税务总局、国家发展和改革委员会、财政部、国务院国有资产监督管理委员会、国家市场监督管理总局、国家档案局**联合发布《电子发票第三方平台管理办法》，加强了对电子发票第三方平台等涉税服务收费的监督管理，有力地打击了借减税降费巧立名目乱收费、抵消减税降费等现象，保障纳税人和缴费人应享尽享减税降费红利。

2019 年 6 月 30 日，**国家税务总局**发布《企业自建和第三方电子发票服务平台建设标准规范》（税总发〔2019〕84 号），正式以官方规范的形式对第三方电子发票服务平台的业务功能及服务、技术、安全、运维、等保测评等做了详细说明，引导第三方平台合规建设。

2020 年 7 月 31 日，**国家税务总局**发布《国家税务总局关于进一步支持和服务长江三角洲区域一体化发展若干措施的通知》（税总函〔2020〕138 号），正式"启动增值税专用发票电子化试点工作"。

从上述历年税务局涉及电子发票服务平台的政策可以看出，国家税务总局对于第三方电子发票服务平台的政策由鼓励发展逐渐转变为集中管理，这也是本节开头的案例中，小王会被告知资质审核越来越严格的原因。相信在税务部门相关政策、措施的引导下，电子发票服务平台的建设会朝着更加规范、更加便民的方向发展。

 **"数电票"知识讲堂**

**国家会取消第三方电子发票服务平台吗？**

2021年3月，中共中央办公厅、国务院办公厅印发了《关于进一步深化税收征管改革的意见》，随后，国家税务总局开始建设全国统一的电子发票服务平台。

自2022年8月28日起，数电票试点全面铺开，纳税人可在当地税务局官方网站进行税务活动。2022年12月26日，国家税务总局天津市税务局发布《关于电子税务局启用税务数字账户和征纳互动功能的通告》，表明不再使用增值税发票综合服务平台。随后黑龙江、湖北等地的税务局陆续发出"不再使用增值税发票综合服务平台"的通告。

由此可见，国家或许不会取消第三方电子发票服务平台，但随着国家税务改革的进一步推进，我国电子发票行业环境已经发生了转变，第三方电子发票服务平台如果想要在未来"以数治税"的时代浪潮下赢得主动，或许需要立足实际，及时调整发展策略，以更加规范的姿态拥抱新时代的到来。

# 二、什么是电子发票服务平台税务数字账户？

会计专业的小燕在网上查找资料，为毕业找工作作准备。一天，她看到网页上的消息，说金税四期就要开始了，以后大家开发票时在"电子发票服务平台"上登录税务数字账户就可以操作了。

这时，小燕有一连串的疑问涌上心头：什么是电子发票服务平台税务数字账户？它有什么作用？又要如何申请账户呢？

## 什么是电子发票服务平台税务数字账户？

电子发票服务平台税务数字账户是面向试点纳税人、试点纳税人缴费人的，归集试点纳税人各类涉税涉费数据，集查询、用票、业务申请于一体的应用。该应用通过对全量发票①数据的归集，为纳税人提供发票用途勾选确认、发票交付、发票查询统计等服务，并支持纳税人下载及打印数字化电子发票，同时满足纳税人发票查验、发票入账标识、税务事项通知书查询、税收政策查询、发票开具金额总额度调整申请等需求。

## 税务数字账户的功能

税务数字账户能为试点纳税人提供发票归集、用途确认、查询、下载、打印等高效便捷的服务，涵盖 5 个功能：基本信息、业务办理、开票业务、

---

① 全量发票：是指企业所有开具、接收的所有来源发票，并不指发票中的内容信息，发票中的内容信息为发票要素。

用票业务、风险提示。

（1）基本信息：纳税人可以通过税务数字账户查看企业的具体信息，如企业类型等。

（2）业务办理：包括发票勾选、发票查询统计、发票查验、红字信息确认、授信额度调整申请、涉税信息查询、海关缴款书采集、申请原税率、发票入账标识。

（3）开票业务：通过税务数字账户，可以查看企业的授信额度使用情况，纸质、蓝字或红字发票的开具情况。

（4）用票业务：纳税人可以通过税务数字账户查看企业的发票勾选抵扣情况。

（5）风险提示：纳税人可以通过税务数字账户查看企业取得的异常凭证信息。

**"数电票"知识讲堂**

**纳税人如何查询全量发票？**

纳税人可以通过税务数字账户登录电子发票服务平台的发票查询模块查询各个渠道开具和取得的发票数据、海关缴款书数据，并可详细展示票据数据、票据状态等数据。

登录电子税务局后依次点击【我要办税】-【税务数字账户】-【发票查询统计】-【全量发票查询】-【全量】。选择相应的查询条件，如查询类型、发票来源、票种等，点击【查询】，即可查询出符合条件的全部发票。

# 三、纳税人登录电子发票服务平台时的常见问题有哪些？

企业家张总想要查看本月归集到的发票情况，想做一个统计，可当他登录电子发票服务平台的税务数字账户时，却发现登录失败，弹出提示"统一身份认证平台提示：该用户未注册或已停用"，这是什么原因呢？

张总面临的这种情况，是纳税人无法登录电子发票服务平台的情形之一。我们在本节中将盘点纳税人登录电子发票服务平台时的常见问题，并提出相应的解决方法。

## 纳税人登录电子发票服务平台时的常见问题

**问题一**：企业家张总为什么无法登录税务数字账户，显示"统一身份认证平台提示：该用户未注册或已停用"？

这种情况是电子税务局身份管理业务调整导致的，纳税人张总需先注册电子税务局自然人账户，关联相应的企业后，在企业登录界面用自然人账户登录即可正常使用。

**问题二**：被添加为办税员后，登录时提示"统一身份认证平台提示：未查询到您与该企业的关联关系信息，请确认录入的信息是否正确"，这是什么原因？

这种情况需要纳税人使用自然人身份登录电子税务局，在【账户中心】-【企业授权管理】-【待确认授权】中人脸识别后确认授权即可绑定关联关系。

**问题三**：纳税人登录电子税务局时，明明已经实名验证过，但是每次登录时，还是需要进行刷脸验证，还有其他登录方式吗？

纳税人在登录时显示需要进行刷脸验证，其实这并不是一道必经程序，在第二步验证时，下方有切换短信验证的按钮，纳税人可以点击选择切换。

**问题四：**新试点企业在刚领到 CA 证书时，发现无法登录电子税务局，提示"您的 CA 证书未注册"，怎么办？

试点纳税人在领取到 CA 证书时，需要先至【用户管理】-【账户安全】-【证书管理】中进行注册后，才能在电子发票服务平台正常使用。

**问题五：**有的人不属于特定业务类型纳税人，无法正常进入增值税发票综合服务平台，打开电子税务局"税务数字账户"模块时，也提示"您不是试点纳税人，或者查询用票汇总信息出错！"，或显示登录页面、空白页面怎么办？

遇到此类问题，纳税人可以查看使用的电脑操作系统版本及浏览器情况，登录税务数字账户使用时，可以使用 Windows 7 版本及以上操作系统，清除缓存或者升级、更换浏览器等再进行操作。

**问题六：**为什么有的企业在电子税务局的税务数字账户里，看不到农产品加计扣除的勾选功能模块呢？

目前，具备农产品深加工资质的企业才能进行农产品加计扣除操作，并且这类企业需要在办税服务厅前台进行登记户归类管理操作，税务机关对企业进行维护后，企业才具有农产品加计扣除资格。

完成维护后，纳税人再次进入【税务数字账户】-【发票勾选确认】-【抵扣类勾选】，就可以看到待处理的农产品发票和农产品加计扣除的勾选功能模块了。

### ▎"数电票"知识讲堂

**登录电子发票服务平台提示"您不是用票试点纳税人，无权操作税务数字账户"怎么办？**

如果纳税人为非用票试点企业，仍需在增值税发票综合服务平台进行发票勾选确认、发票查询统计、发票查验等用票业务操作。如果纳税人为用票试点企业，可以清理浏览器缓存或更换浏览器后重试。

# 四、试点纳税人可以通过电子发票 服务平台开具哪些种类的发票？

小王是某公司的财务人员，他所在的公司获得数电票的试点资格已经有一段时间了。谈及在公司试点数电票前后的开票区别，小王感慨不已。

以前，他每次开具发票都需要手动填写各项信息，非常烦琐。现在，他只需要在平台上填写一次信息，就可以随时开具电子发票，而且不需要担心发票的真伪。此外，平台的报销管理功能也让小王的工作更加轻松，他可以在短时间内审核大量的报销申请，提高了工作效率。

那么，试点纳税人可以通过电子发票服务平台开具哪些种类的发票呢？

## 电子发票服务平台可开具的发票种类

电子发票服务平台支持开具数电发票、纸质专票和纸质普票。试点纳税人通过实名验证后，无须使用税控专用设备即可通过电子发票服务平台开具数电发票、纸质专票和纸质普票，无须进行发票验旧操作。其中，数电发票无须进行发票票种核定（除新企业报到，需核定税种外）和发票领用。

试点纳税人使用的电子发票服务平台升级至 1.5 版后，新设立登记且未使用增值税发票管理系统开具纸质专票和纸质普票的（以下简称"新办试点纳税人"），如需开具纸质专票和纸质普票，应当通过电子发票服务平台开具，纸质专票和纸质普票的票种核定、发票领用、发票作废、发票缴销、发票退回、发票遗失损毁等事项仍然按照原规定和流程办理；试点纳税人使用的电子发票服务平台升级至 1.5 版前，设立登记或已使用增值税发票管理系统开具纸质专票和纸质普票的，如需开具纸质专票和纸质普票，可以通过增值税发票管理系统开具。

试点纳税人可以通过增值税发票管理系统开具机动车销售统一发票、二手车销售统一发票、增值税普通发票（卷票）、增值税电子专用发票、增值税电子普通发票和收费公路通行费增值税电子普通发票。

### "数电票"知识讲堂

**税务局对试点纳税人使用增值税纸质发票有何规定？**

试点纳税人满足相关使用条件后，可以通过电子发票服务平台开具数电纸质发票（增值税专用发票）、数电纸质发票（普通发票）。试点纳税人需要事先核定相关发票票种，确定最高开票限额和每月最高领用数量。在使用电子发票服务平台开具纸质专票和纸质普票时，所开具的发票金额将从当月总授信额度中扣除。若出现需要开具红字发票的情况，则应按照电子发票服务平台相关规则进行处理，并在红字发票开具后收回被红字冲销的纸质发票原件。所领用的纸质专票与纸质普票使用后，再次领用时无须进行发票验旧。

试点纳税人仍然使用增值税发票管理系统开具纸质专票和纸质普票的，与现有规定保持一致。

# 五、电子发票服务平台支持
# 哪几种发票开具模式？

财务小林是某小型企业的发票开票专员。近期，公司开始试点数电票，这意味着小林将无须使用手工开票的方式，可以避免信息遗漏和错误，也可以大大减轻工作量。可是，新的平台有哪些开票方式，具体应该怎么操作，小林表示很疑惑。

在本节中，我们一起来讨论电子发票服务平台支持哪几种发票开具模式。

## 电子发票服务平台的开票模式

电子发票服务平台目前支持 3 种开票模式，具体如下。

### 1. 立即开票

立即开票是指当纳税人发生销售行为，需要开具全电蓝字发票时，通过该模块可以开具发票。

操作步骤：点击【发票填开】的"立即开票"功能，弹出立即开票页面。纳税人在立即开票页面选择发票类型、票种标签等信息后，点击"确认"进入蓝字发票开具表单视图进行填写，或点击右上角"切换票样视图"切换成票样视图进行填写。

### 2. 扫码开票

扫码开票是纳税人展示二维码供购买方扫描填写发票抬头信息，以便纳税人快捷引用购买方信息进行发票开具。

操作步骤：点击【发票填开】的"扫码开票"功能，进入扫码开票页面。纳税人点击主页面提示语中的"查看二维码"，弹出查看二维码页面。纳税人可下载二维码并提供给购买方扫描填写发票抬头信息，购买方保存提交后，信息将同步显示在主页面的列表中，纳税人可选择购买方信息进行发票开具。

**3. 快捷开票**

快捷开票是指纳税人可根据实际需求对所需的发票类型、票种标签、特定业务等添加快捷方式，以便后续直接点击快捷方式进入既定的内容页面进行发票开具。

操作步骤：点击【发票填开】的"添加快捷方式"功能，弹出添加快捷方式页面。纳税人根据实际需求对不同的发票类型、票种标签、特定业务、差额、减按、项目信息、客户信息等内容进行设置。填写完毕后，点击"保存"，则保存为快捷方式，并展示在"发票填开"的二级首页功能中，后续可直接点击快捷方式进入既定的发票内容页面填写发票信息。

除了上述 3 种开票模式，电子发票服务平台还支持发票草稿功能。

发票草稿是指纳税人在填写发票内容时，由于其他原因，需中断当前开票操作，可将已填写的发票内容保存成草稿，纳税人后续可根据实际需要选择相关的草稿继续开具发票。

操作步骤：点击【发票填开】的"发票草稿"功能，进入发票草稿页面。纳税人选中所需的草稿后，可点击"选择"进入蓝字发票开具页面，先修改完善所有发票内容，再进行发票开具操作。

 **"数电票"知识讲堂**

**试点纳税人要如何对空白纸质发票进行作废处理？**

在实操中，对空白纸质发票进行作废处理需要视情况而定，具体表现如下。

（1）处于数电发票过渡期的试点纳税人。此时试点纳税人还未注销税控设备，同时可以开具数电发票，主管税务机关将电话通知或者通过电子税务局弹窗提示、增值税发票开票软件提示等提醒试点纳税人可切换纸质发票开具渠道。

切换开具平台并不强制缴销"通过增值税发票开票软件领取的、仍未开具的空白纸质发票"。试点纳税人可以在税控设备内将已领用的纸质结存发票开具完毕并完成验旧，再次申领的纸质发票将切换为使用电子发票服务平台开具，不再使用原税控设备开具。试点纳税人如有需要，或税务机关通知注销税控设备后，可通过作废并验旧原税控设备中未开具的空白结存纸质发票，再次申领纸质发票后即可通过电子发票服务平台开具发票。

未注销税控设备的试点纳税人，可以通过进行"作废并验旧空白结存纸质发票"的操作，作废并验旧原税控设备中未开具的空白结存纸质发票，具体操作步骤如下。

第一步：登录增值税发票开票软件，通过【未开发票作废】模块将未开具纸质空白发票作废。

①金税盘空白发票作废操作路径：登录开票软件，依次点击【发票管理】-【发票作废】-【未开发票作废】。②税务 UKey 空白发票作废操作路径：登录开票软件，依次点击【发票管理】-【发票管理首页】-【未开发票作废】。③税控盘空白发票作废操作路径：登录开票软件，依次点击【发票管理】-【发票作废】-【未开发票作废】。

第二步：登录电子税务局平台进行发票验旧。

纳税人登录电子税务局平台，依次点击【我要办税】-【发票使用】-【发票验（交）】模块进行发票验旧操作。

（2）已注销税控设备的试点纳税人，即已经切换至数电发票服务平台开具发票，且注销税控设备的试点纳税人，直接在电子发票服务平台对空白纸质发票作废即可。

操作步骤是：在功能菜单依次选择【开票业务】-【纸质发票业务】-【纸质发票作废】-【空白发票作废】，在发票类型中选择一类发票，可筛选相应类型发票。选择需要作废的号码段（支持批量作废），点击"发票作废"。点击"确定"，作废已选择的空白纸质发票，弹出"发票作废执行成功"提示框。

# 六、试点纳税人在电子发票服务平台可以维护哪些项目信息？

　　王总经营着一家餐饮公司，近日，他申请了数电票试点企业，他了解到数电票的种种便利之处，也知晓相比传统的发票，在票面信息上作了一些改变，但是他并不清楚什么是发票信息维护，以及电子发票服务平台有哪些项目信息需要维护。

　　那么，试点纳税人在电子发票服务平台可以维护哪些项目信息呢？

## 什么是发票信息维护？

　　发票信息维护是指试点纳税人在使用电子发票服务平台时，根据实际需要，使用"开票信息维护"模块对纳税人的项目、客户、附加要素信息进行维护，主要包括项目信息维护、客户信息维护和附加要素维护。

　　开票信息维护后，纳税人可在开票时直接选择已维护信息，简化流程。同时，这些信息也可以用于核对发票的准确性和合规性。

　　需要注意的是，发票信息维护应当真实、准确、完整，遵守相关税收法律法规和规定。

## 电子发票服务平台可以维护的信息

　　纳税人可以使用电子发票服务平台中的"基础信息维护"模块，对纳税人的项目（商品或服务）名称、规格型号、单位、单价、商品和服务税收分类编码及税率/征收率等信息进行维护。如图 2.1～图 2.3 所示。

图 2.1　电子发票服务平台的项目信息维护图

附加信息维护模块和项目信息维护、客户信息维护作用相同，在开票前根据实际需要对附加要素以及场景模板进行维护，开票时就可以通过选择预设的附加要素或场景模板来填写备注信息。

这些信息是电子税务局操作人员在电子发票服务平台上进行发票信息维护时需要提供和更新的重要内容。通过维护这些信息，纳税人可以确保开出的发票准确、合规，并且方便后续的发票查验和税收管理。

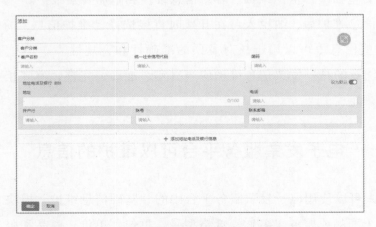

图 2.2　电子发票服务平台的客户信息维护图

图 2.3 附加信息维护图

需要注意的是，电子税务局操作人员在维护发票信息时，应当确保信息的真实性和准确性，遵守相关税收法律法规和规定。同时，根据不同的涉税事项和实际需求，可能需要提供更多的信息和资料。

### "数电票"知识讲堂

**试点纳税人如何在电子发票服务平台维护项目信息？**

试点纳税人可以根据实际需要对开票信息中的项目信息进行维护，以便在开票时根据需求选择预设的项目信息来填写开票信息，便捷完成发票开具。具体步骤如下。

（1）试点纳税人登录电子发票服务平台后，依次点击【开票业务】-【开票信息维护】-【项目信息维护】，进入开票信息维护页面。

（2）在开票信息维护页面中，选择要维护的项目信息，如项目名称、税率/征收率等。

（3）根据实际情况，对项目信息进行增删改查操作。

（4）修改完成后，保存修改后的信息，并确认保存操作。

（5）如果需要进一步维护其他项目信息，可以返回开票信息维护页面，继续进行操作。

在维护好以上项目信息后，试点纳税人就可以在电子发票服务平台上开具电子发票了。这些项目信息将直接显示在电子发票上，方便受票方核对发票的准确性和合规性。

# 七、电子发票服务平台税务数字账户归集的发票有哪些？哪些无法归集？

某公司的老板李总出差和客户洽谈合作。会谈结束后，李总在客户那里购买了一批医学材料，并让对方开具了数电票。等李总回到公司，让财务查看这笔发票是否有归集到税务数字账户中。财务查询时发现这个订单的发票并未归集到账户中。

这是怎么一回事呢？发票归集是不是还有特别的要求呢？我们在这一节中将重点讲述关于发票归集的内容。

## 什么是发票归集？

发票归集是指企业将所有发票信息整合在一起，以便企业可以更好地管理发票，节省时间和财力。通俗来讲，就是将发票按照进项、销项正数、销项负数分类上报。归集的过程包括发票的收集、打印、归档和审批等。发票归集的重要性在于它能够帮助企业更有效地管理发票，使企业发票处理的费用最小化，以及有效地利用发票资源。

将发票归集到一起，有助于提高企业的财务管理水平，并且可以帮助管理者有效地分析企业发票的数据，为企业提供决策参考，以判断企业投资或支出的有效性。另外，将发票归集起来，可以更容易地对发票进行审计，有助于企业更高效地管理财务资产。

# 税务数字账户归集的发票有哪些？

电子发票服务平台税务数字账户后台采集发票的全量数据，包括数电票、增值税纸质专用发票、增值税电子专用发票、增值税普通发票（折叠票）、增值税普通发票（卷票）、增值税电子普通发票（含收费公路通行费增值税电子普通发票）、机动车销售统一发票、二手车销售统一发票等。

其中，对于有明确销售方或购买方（包括经办人）信息的发票，根据销售方或购买方（包括经办人）信息归集至销售方或购买方（包括经办人）的税务数字账户。若购买方（包括经办人）信息中没有纳税人识别号或身份证号码，则只归集在销售方的税务数字账户。对定额发票等没有销售方信息的发票，根据系统发票领用及验旧信息归集至销售方的电子发票服务平台税务数字账户。对没有购买方（包括经办人）信息的发票（如定额发票等），则不归集到购买方（包括经办人）的税务数字账户。

## "数电票"知识讲堂

### 发票已归集还能报销吗？

发票已归集，如果报销的费用有效，可以继续进行报销，但需要核实发票上的信息是否真实有效。另外，在报销过程中，如果发现发票有问题，应及时与发票持有人进行核实。

# 八、电子发票服务平台税务数字账户中，哪些情形需要采集海关缴款书？

　　小张在一家大型企业担任税务专员，他的工作涉及处理各种税务事宜，包括收集、整理和申报各种税款。最近，他发现公司的电子发票服务平台税务数字账户中有一个功能——海关缴款书采集。

　　小张感到有些困惑，他不清楚这个功能的具体作用。于是，他决定向税务机关的专业人士咨询。税务机关的工作人员告诉他，海关缴款书采集功能是为了方便税务专员收集和申报海关缴款书而设计的，在使用这个功能时，需要准确填写相关信息，包括缴款书号码、进出口日期、货物描述等。通过这个功能，税务专员可以轻松地收集和整理海关缴款书信息，并确保信息的准确性和完整性。

　　那么，"海关缴款书采集"模块的功能是什么？又有哪些情形需要采集海关缴款书呢？

## "海关缴款书采集"模块的功能是什么？

　　海关缴款书是一种重要的文件，主要用于海关进行出口或进口报关时，由货主或受托机构（例如船公司或货代）支付海关征收的税款、滞纳金等，以及支付备付金的手续。与其他报关文件一样，海关缴款书必须符合海关对此类文件的法律规定，并需要在海关完成验收且签字后正式出具。

　　"海关缴款书采集"模块的功能是对在"发票抵扣勾选"模块中无法查询到的双抬头海关缴款书信息、无法清分及下发的单抬头海关缴款书信息进行第一联数据的采集。

海关缴款书采集功能主要提供海关缴款书采集和稽核结果查询功能，具体操作步骤是：点击【手工录入】按钮，进入页面进行手工录入海关缴款书信息，输入海关缴款书信息后点击【提交】，显示录入成功后点击【提交】，完成录入操作。

# 哪些情形需要采集海关缴款书？

需要采集海关缴款书的情形主要包括双抬头海关缴款书、无法清分及下发、对清分结果有异议的单抬头海关缴款书信息等情形。

**1. 双抬头海关缴款书**

双抬头海关缴款书的采集步骤如下。

（1）登录综合服务平台，进入【抵扣勾选】菜单下的【海关缴款书采集】模块。

（2）点击【手工录入】按钮，输入海关缴款书信息后点击【提交】。

（3）显示录入成功后点击【确定】。

此外，也可以通过电子税务局进行采集，步骤如下。

（1）登录电子税务局，依次点击【我要办税】-【税务数字账户】-【海关缴款书采集】或直接在搜索栏输入【海关缴款书采集】，可快速查找。

（2）点击【手工录入】按钮，弹出【海关缴款书手工录入】对话框。

（3）录入海关缴款书信息，点击【提交】，提交海关缴款书信息。

（4）弹出确认提示，点击【确定】，继续提交即可。

**2. 无法清分及下发**

对于无法清分及下发的海关缴款书，试点纳税人可以通过以下步骤进行采集。

（1）进入电子税务局，依次点击【我要办税】-【税务数字账户】-【海关缴款书采集】或直接在搜索栏输入【海关缴款书采集】，可快速查找。

（2）在海关缴款书采集页面，点击【海关缴款书采集】。

（3）以手工录入为例，点击【手工录入】，输入对应的缴款书号码、填发日期及税款金额后提交。

（4）提交后查询，可查看状态为稽核中。

（5）等待后台稽核相符后，正常进行勾选抵扣即可。

### 3. 对清分结果有异议的单抬头

对清分结果有异议的单抬头的海关缴款书，试点纳税人可以通过电子发票服务平台提供的【海关缴款书采集】功能发起稽核比对，由系统自动反馈稽核结果，确认用途；稽核比对结果为"不符""缺联""重号"时，纳税人如对稽核比对结果有异议，在确认数据采集无误后可以向主管税务机关发起海关缴款书核对申请。主管税务机关通过信息系统会同海关进行联网核查。具体操作如下。

（1）在海关缴款书采集界面，根据需要输入或选择相关查询条件，然后点击【查询】按钮，在结果展示区显示符合查询条件的海关缴款书。

（2）在结果数据列表中，确认信息无误后点击【申请核对】按钮。

注意：稽核比对结果为"不符""缺联""重号"的，才能进行申请核对。

（3）在申请核对界面中补充"添加原因"，上传附件文件，确认无误后点击【提交】按钮，显示提交成功后关闭窗口。

到这里，核对申请就结束了。接下来，主管税务机关将对试点纳税人提出的核对申请进行审核，并按规定向税单签发地海关发《海关缴款书委托核查函》核查。待海关回函反馈核查结果后，主管税务机关会在系统中录入核查结果，这时候试点纳税人就可以再次进入海关缴款书采集界面进行查询，结果为"允许抵扣或退税"的海关缴款书可用于后续勾选。试点纳税人也可以通过此功能查询所有海关缴款书的稽核状态和核对申请状态。

### "数电票"知识讲堂

**试点纳税人想要批量采集海关缴款书，应该怎么办？**

"海关缴款书采集"模块的功能支持模板批量导入海关缴款书信息，批量导入提供模板下载功能。具体操作步骤如下。

（1）登录电子税务局，依次点击【特色应用】-【海关缴款书采集】或直接在搜索栏输入【海关缴款书采集】，可快速查找。

（2）点击【批量导入】按钮，选择【XML 格式文件导入】。

（3）将事先准备好的海关缴款书信息文件（.xml 格式）上传，点击【提交】。

（4）点击【确定】，弹出确认提示，继续提交即可。

# 九、通过电子发票服务平台税务数字账户，试点纳税人能够获得哪些优质便捷的服务？

李先生成为数电票试点纳税人之后，终于不用再去当地税务机关开发票了，工作效率得到很大提升。正在他沉浸在电子发票服务平台给他带来巨大便利的喜悦中时，一个想法跃然心上：除了办税便利之外，还有哪些优质便捷的服务呢？

## 电子发票服务平台为纳税人提供的服务

为全面推进税收征管数字化升级，降低制度性交易成本，电子发票服务平台税务数字账户集成发票信息、优化发票应用、完善风险提醒，进一步深化发票数据应用成果。通过税务数字账户，纳税人能够获得以下优质便捷的服务。

### 1. "一户式"发票数据归集服务

税务机关通过电子发票服务平台为试点纳税人提供发票归集、查询、下载、打印等服务，从根本上解决了纸质发票管理中出现的丢失、破损及电子发票难以归集等问题，降低了纳税人发票的管理成本。

### 2. "一站式"发票应用集成服务

电子发票服务平台税务数字账户创新应用集成服务，通过完善发票的查询、查验、下载、打印和用途确认等功能，增加税务事项通知书查询、税收政策查询、发票开具金额总额度调整申请、原税率发票开具申请等功能，再造红字发票业务流程、海关缴款书业务流程，为纳税人提供"一站式"服务。

### 3. "集成化"发票数据展示服务

电子发票服务平台税务数字账户为纳税人提供开具金额总额度管理情况展示服务，纳税人可实时掌握总授信额度和可用授信额度变动情况；同时为纳税人提供风险提醒服务，纳税人可以对发票的开具、申报、缴税、用途确认等流转状态，以及作废、红冲、异常等管理状态进行查询统计，以便及时开展风险应对处理，从而有效规避因征纳双方和购销双方信息不对称而产生的涉税风险和财务管理风险。

### 4. "平台化"纳税服务

电子发票服务平台为纳税人提供了全面的"平台化"纳税服务，主要体现在以下六个方面。

（1）发票管理。电子发票服务平台为纳税人提供发票开具、存储、交付、归集、识别、查验、认证、申报、统计等全生命周期服务，纳税人可以在一个平台上完成电子发票的所有业务操作。

（2）数据管理。电子发票服务平台为纳税人提供发票数据分析和管理功能，可以帮助纳税人更好地了解和管理财务数据，提高财务管理效率。

（3）税务服务。电子发票服务平台还为纳税人提供税务咨询、纳税申报、税收优惠等服务，可以帮助纳税人更好地管理税务事务，提高纳税遵从度。

（4）信息安全。电子发票服务平台采用高度安全的数据加密技术，保障纳税人的发票数据和财务信息的安全性和隐私性。

（5）便捷性。电子发票服务平台支持多种开票方式，包括扫码开票、手工开票等，方便纳税人随时随地开具和接收电子发票。

（6）成本效益。电子发票服务平台可以降低纳税人的硬件设备部署流程和系统运维成本，提高进销项票据管理效率，实现企业票据管理电子化和数字化，帮助纳税人节约成本和提高效益。

#### "数电票"知识讲堂

**打印的纸质数电票丢失或者损毁，应该如何处理？**

发票不再依赖固定的介质，如已打印的纸质数电票丢失或者损毁，可以从税务数字账户重新下载与打印。

第三章

授 信 额 度

# 一、数电票授信总额度是什么?

　　某企业员工小宋从客户小张那里订购了一大批货物,货物清点完毕之后,小宋要求开具本次订单的数电发票带回公司,方便账单报销。小张在开票的时候,发现小宋所在公司授信总额度的剩余可用额度已经用完,无法开票,就和小宋说明了情况。

　　小宋听后心里却生出了一个疑问:什么是授信总额度和剩余可用额度?为什么会有限额?

　　一般来说,税务局赋予纳税人发票开具的金额额度包括三类,分别是开具金额总额度、初始开具金额总额度和剩余可用额度。

　　开具金额总额度,也称发票总额度、授信总额度、总授信额度,是指在一个自然月内,试点纳税人发票开具总金额(不含增值税)的上限额度,包括试点纳税人可通过电子发票服务平台开具的数电票、增值税纸质专用发票和增值税纸质普通发票的上限总金额,以及可通过增值税发票管理系统开具的纸质专票、纸质普票、增值税普通发票、增值税电子专用发票和增值税电子普通发票的上限总金额。

　　开具金额总额度的计算公式为:

　　开具金额总额度=电子发票服务平台开具的发票上限总金额+增值税发票管理系统开具的发票上限总金额

　　初始开具金额总额度,是指试点纳税人首次使用数电票时,电子发票服务平台赋予该纳税人的当月发票可开具金额上限额度。

　　剩余可用额度,是指在一个自然月内,试点纳税人开具金额总额度扣除已使用额度。其中,已使用额度包括试点纳税人通过电子发票服务平台开具的发票金额，以及通过增值税发票管理系统开具的增值税纸质专用发票、增值税纸质普通发票、增值税普通发票、增值税电子专用发票和增值税电子普通发票的领用份数和单张发票最高开票限额之积（存在多种不同版式的发票应分别计算并求和）。

剩余可用额度的计算公式为：

剩余可用额度 = 开具金额总额度 − 已使用额度

已使用额度的计算公式为：

已使用额度 = 电子发票服务平台开具的发票金额 + 增值税发票管理系统领用份数 × 单张发票最高开票限额

**"数电票"知识讲堂**

案例中的小宋应该怎么做，才能让对方在授信总额度达到上限情况下开出发票？

小宋因所在公司当月的剩余金额总额度无法满足开票需求而无法开票，这种情况下，想要开出发票，需要公司纳税人通过电子发票服务平台的【税务数字账户】-【授信额度调整申请】模块，申请调整开具金额总额度，填写调整理由并上传相关附件后，即可启动人工调整流程。等额度申请通过后，就可以开出发票了。

# 二、数电票开具金额总额度如何确定？

陈总申请成为试点纳税人已经 4 个月了。近日，他发现发票开具金额总额度发生了变化，比上个月增加了一些。他一直以为发票开具金额的总额度是不变的，这究竟是怎么回事呢？

## 数电票开具金额总额度变化规则

数电票开具金额总额度是指一个自然月内，试点纳税人通过电子发票服务平台开具的发票总金额的上限额度，其变化规则如下。

**1. 定期调整**

定期调整是指电子发票服务平台每月自动对试点纳税人开具金额总额度进行调整。假设试点纳税人 A 公司使用电子发票服务平台开具数字化电子发票，同时使用增值税发票管理系统开具纸质专票和纸质普票，其 2023 年 7 月的开具金额总额度为 750 万元。到 2023 年 8 月 1 日，A 公司未进行任何发票开具操作，电子发票服务平台将自动对 A 公司的开具金额总额度进行调整，假设调整后的额度为 800 万元。这意味着 A 公司在 8 月可以开具的发票总金额增加了 50 万元（800 万元 – 750 万元 = 50 万元），以满足其经营需要。

**2. 临时调整**

临时调整是指税收风险程度较低的试点纳税人开具发票金额首次达到开具金额总额度一定比例时，电子发票服务平台当月自动为其临时增加一次开具金额总额度。假设 A 公司于 2023 年 7 月 21 日至 31 日期间，通过电子发票服务平台开具了 100 万元的数字化电子发票，同时使用增值税发票管理系统开具了 50 万元的纸质专票和 50 万元的纸质普票。此时，A 公司实际开具发票的总金额为 250 万元（300 万元 − 25 × 10 万元 + 100 万元 + 50 万元 + 50 万元 = 250 万元），低于开具金额总额度的下限（即 260 万元），电子发票服务平台将自动为 A 公司临时增加一次开具金额总额度，使其可开具的发票总金额增加至 300 万元（250 万元 + 50 万元 = 300 万元）。

临时调整还有一种情况，需要加入人工调整，即试点纳税人因实际经营情况发生变化申请调整开具金额总额度，主管税务机关依法依规审核未发现异常的，应为纳税人调整开具金额总额度。假设因 A 公司实际经营情况发生变化，其申请将开具金额总额度从 750 万元调整至 850 万元。主管税务机关在审核过程中未发现异常情况，遂按照 A 公司的申请进行了调整。这意味着 A 公司在 8 月可以开具的发票总金额增加了 100 万元（850 万元 − 750 万元 = 100 万元），以满足其经营需要。

上述规则使得试点纳税人可以根据自身经营情况灵活调整开具发票的总额度，以满足其实际需求。同时，这些规则也有助于税务机关对试点纳税人的监管，确保其开具的发票符合相关规定和政策要求。

因此，从上述分析中可以看出，如果案例中的陈总未申请调整额度，应该是系统定期或临时调整了数电票开具金额总额度。

## "数电票"知识讲堂

### 数电票开具金额总额度定期调整的变化，可能会导致哪些问题？

数电票开具金额总额度定期调整的变化可能会导致以下问题。

（1）定期调整可能会导致试点纳税人在一段时间内开具发票的总额度不足，无法满足其实际经营需求，从而影响其正常经营。

（2）试点纳税人需要随时关注自己的开具金额总额度变化，并根据变化及时调整自己的开票策略和经营方式，可能会增加试点纳税人的管理成本和不便。

为了解决以上问题，税务机关需要加强对试点纳税人的监管，提供更加灵活和人性化的服务，同时试点纳税人也需要积极配合税务机关的工作，遵守相关规定和政策要求，共同推动数电票制度的顺利实施。

# 三、申报会影响授信额度的使用吗?

张总于 2023 年 5 月申请成为金税四期试点纳税人,在享受了电子发票服务平台的开票便利之后,7 月他又劝说好友李总也加入到数电票的队伍中来。

8 月中旬,张总提醒李总去电子发票服务平台上进行纳税申报。李总很不解,为什么要申报呢? 张总耐心地和李总进行一番解释之后,李总才恍然大悟。

## 什么是数电票纳税申报?

纳税申报是指一般纳税人通过电子发票服务平台开具带有"增值税专用发票"或"普通发票"字样的数电票、纸质专票、纸质普票,在纳税申报期内按照税收法规填写《增值税及附加税费申报表附列资料(一)》(本期销售情况明细)和《增值税及附加税费申报表附列资料(二)》(本期进项税额明细)的相关栏次进行申报的行为。

在增值税申报期内,完成增值税申报前,试点纳税人可以通过电子发票服务平台,按照上月剩余可用额度且不超过当月开具金额总额度的范围内开具发票。试点纳税人按规定完成增值税申报且比对通过后,可以在电子发票服务平台中,按照当月剩余可用额度开具发票。具体要求如下。

(1)按月进行增值税申报的试点纳税人在每月月初到完成上个所属期(即上个月)申报前开具金额总额度的可使用额度为上月剩余可用额度,且不超过本月开具金额总额度;完成上个所属期(即上个月)申报且比对通过后可使用额度为当月剩余可用额度。

（2）按季进行增值税申报的试点纳税人在每季季初到完成上个所属期（即上个季度）申报前开具金额总额度的可使用额度为上月剩余可用额度，且不超过本月开具金额总额度；完成上个所属期（即上个季度）申报且比对通过后可使用额度为当月剩余可用额度。

纳税申报的具体操作如下。

试点纳税人可以通过税务部门的网上纳税申报系统，将已经在主管税务机关认证过的相关发票数据导入系统。如果有其他扣税凭证数据，则需要手工录入。在此之后，网上申报系统会生成纳税申报资料，需要进行导出并加以保存。需要注意的是，如果有税款产生，则需要在网上申报系统里面进行缴款申请。

# 申报会影响授信额度的使用吗？

授信额度是电子发票服务平台根据纳税人的信用评级和历史开票数据等因素综合评估得出的。具体来说，电子发票服务平台会根据纳税人的信用评级（包括纳税信用级别、税务登记情况、纳税记录等）以及历史开票数据（包括开具金额总额度、初始开具金额总额度和剩余可用额度等）进行综合评估，从而确定数电票授信额度。

需要注意的是，数电票授信额度的评估是动态的，各省会根据本地特色风险管理指标进行进一步的调整，这一步的调整一般有上浮和下调的比例控制，需要根据实际情况而定。

一般来说，纳税人的风险程度越低、纳税信用级别越高、实际经营情况越稳定，其数电票授信额度就会越高。数电票授信额度的目的是方便纳税人开具电子发票，减少频繁申请开票的限制，提高开票效率。

因此，纳税申报不会影响数电票授信额度的使用。纳税申报和数电票的授信额度是两个独立的概念，纳税申报是按照税收法规进行财务申报的行为，而数电票授信额度是电子发票服务平台提供的信用额度，与纳税申报没有直接关联。因此，纳税申报不会对数电票授信额度的使用产生影响。

**"数电票"知识讲堂**

纳税人不进行数电票授信额度的申报，是否会对数电票授信额度有影响？

在电子发票服务平台上，纳税人需要根据税务机关的规定和要求进行授信制管理的申报。如果不进行申报，可能会影响纳税人的开具权限和信用评级，甚至可能被暂停或取消电子发票的开具资格。因此，建议纳税人按照规定和要求进行申报，以便更好地管理自身的开具行为，并确保电子发票的真实性、合法性和规范性。

# 四、纳税信用与开票额度有什么关联？

华哥经营着一家眼镜公司，因未按时申报纳税，被税务机关认定为失信纳税人。被认定为失信纳税人之后，华哥无法正常办理纳税申报，也无法领用增值税专用发票，导致很多业务都无法开展，为此，他心急如焚。

华哥的好友知道这件事之后，让其补报税款及滞纳金，并向税务机关申请退还多缴税款及滞纳金；向税务机关申请撤销失信记录，并提供相关证明材料，如企业财务报表、纳税申报表等；向税务机关申请解除失信限制措施，如恢复正常纳税申报、领用增值税专用发票等；向税务机关缴纳相应的罚款及滞纳金。

经过一系列的措施，华哥终于恢复了纳税信用，并重新获得了正常的纳税信用等级。

那么，什么是纳税信用？与开票额度有什么关联呢？

## 纳税信用的含义

纳税信用是指纳税人依法履行纳税义务，并被社会所普遍认可的一种信用，是社会信用体系建设的重要内容之一。

2019年11月，国家税务总局发布《国家税务总局关于纳税信用修复有关事项的公告》，自2020年1月1日起，对纳入纳税信用管理的企业纳税人通过作出信用承诺、纠正失信行为等方式开展纳税信用修复，进一步鼓励和引导纳税人增强依法诚信纳税意识，积极构建以信用为基础的新型税收监管机制。

纳税信用评价采取年度评价指标得分和直接判级两种方式。年度评价指标得分采取扣分方式。纳税人评价年度内经常性指标和非经常性指标信息齐全的，从 100 分起评；非经常性指标缺失的，从 90 分起评。直接判级适用于有严重失信行为的纳税人。纳税信用评价评分标准见表 3.1。

**表 3.1  纳税信用评价评分标准**

| 信用等级 | 等级评分 |
| --- | --- |
| A 级 | 年度评价指标得分 90 分以上 |
| B 级 | 考评分 70 分以上不满 90 分 |
| C 级 | 考评分 40 分以上不满 70 分 |
| D 级 | 考评分 40 分以下的或直接判级确定 |
| M 级 | 新企业年度内无收入且 70 分以上 |

纳税信用评价的等级分为 A 级、B 级、C 级、D 级和 M 级。按照优劣顺序，从 A 级到 D 级依次递减，A 级最佳，D 级最差。信用等级越高的企业，可以证明其纳税信用也相对较好，而企业也可以因此获得更多的优惠政策。

# 纳税信用与开票额度的关系

纳税信用会影响开票额度。纳税信用评价是税务机关根据纳税人履行纳税义务情况，依据纳税信用评价指标和评价方式进行量化评价，就纳税人在一定周期内的纳税信用状况所进行的评价。而开票额度是纳税人根据业务需要开具发票的限额，与纳税信用评价没有直接关系。

但是，纳税信用评价对于纳税人的日常经营和税收管理有着重要的影响，良好的纳税信用评价可以帮助纳税人获得更多的信任和支持，同时也能够享受更多的税收优惠和便利。因此，纳税人应该积极履行纳税义务，遵守税收法规，提高自身的纳税信用水平。比如某企业近半年开具增值税普通发票 100 份，累计开票金额为 1000 万元，其纳税信用评价为 B 级。该企业纳税信用评价的分数为 80 分，处于 B 级水平。虽然该企业的开票额度与其纳税信用评价没有直接关联，但是良好的纳税信用评价可以为企业带来更多的便利和优惠，如该企业可以享受税务机关提供的绿色通道、简化办税流程等便利服务，同时也能够提高企业的信誉度和信誉等级，有利于企业的长期发展。

## "数电票" 知识讲堂

**哪些行为会影响数电票企业纳税信用评价的分数？**

以下行为可能会影响数电票企业纳税信用评价的分数。

（1）未按规定期限填报财务报表。

（2）未按规定保管账簿、记账凭证以及其他纳税资料。

（3）账目混乱、残缺不全难以查账或原始凭证不合法、不真实。

（4）非正常原因增值税连续3个月或累计6个月零申报、负申报。

（5）未按规定期限纳税申报。

（6）未按规定期限代扣代缴。

（7）未履行扣缴义务，应扣未扣，应收不收税款。

（8）已代扣代收税款，未按规定解缴。

（9）银行账户设置数大于纳税人向税务机关提供数。

此外，还有一些行为可能会影响纳税信用评价的分数，如逃避缴纳税款、逃避追缴欠税、骗取出口退税、虚开增值税专用发票等行为。具体影响分数和评价等级的关系可以参考纳税信用评价的相关规定和标准。

# 五、为什么显示授信额度 200 万元，但是可用额度为 0 呢？

李明经营着一家知名电商企业，主要销售高端家居用品。由于多年的良好交易记录和信誉，李明经营的企业被授予了 200 万元的授信额度。然而，在一个繁忙的月份里，李明的店铺遇到了一个大单。客户看中了他的一个高端家居用品，但要求李明降价 20%。虽然这个价格已经低于成本，但李明为了赢得这个客户，还是答应了对方的要求。

在交易完成后，李明发现他的授信额度显示为 200 万元，但可用授信额度却降为了 0。这是怎么回事呢？李明有些不解。

想要揭开李明的疑惑，需要了解授信额度和可用额度之间的关系。

## 授信额度和可用额度的关系

数电票授信额度和数电票可用额度是两个不同的概念。

### 1. 数电票授信额度

数电票授信额度是指企业在符合税务部门规定的条件下，由税务部门授予企业的使用电子发票的额度。此项服务旨在鼓励企业使用电子发票，并提高企业的经营效率和管理水平。

数电票授信额度包括开具金额总额度、初始开具金额总额度和剩余可用额度。初始开具金额总额度是指试点纳税人首次使用数电票时，电子发票服务平台赋予该纳税人的当月发票可开具金额上限额度。系统将根据纳税人的信用及风险等情况，确定适用的授信类别，并根据授信类别赋予纳税人初始授信额度。

## 2．数电票可用额度

数电票可用额度又称剩余可用额度，在一个自然月内，试点纳税人在数电票授信额度中扣除已使用额度，即为剩余可用额度。

剩余可用额度包括试点纳税人通过电子发票服务平台开具的发票金额，以及通过增值税发票管理系统开具的纸质专票、纸质普票、卷式发票、电子专票和电子普票的领用份数与单份发票最高开票限额之积。

我们由上述分析可以看出，数电票授信额度和数电票可用额度的关系，即授信额度是可用额度的上限。我们用一个公式来表示，即：剩余可用额度=开具金额总额度－已使用额度。

案例中李明的可用额度为0，应该可以判定是当月的额度已经用完了。

### "数电票" 知识讲堂

**进入电子税务局蓝字发票开具界面，显示纳税人可用授信额度为0，是为什么呢？**

这种情况可能有以下两种原因。

（1）纳税人本月已经在税控领取了所有的发票，额度已用完。数字化电子发票和在电子发票服务平台开具的纸质发票，在发票开具时根据实际开具金额扣减本月可用授信额度；税控发票在发票领用时，按单张最高开票限额和发票领用数量之积（存在多种不同版式的税控发票应分别计算并求和）扣减本月可用授信额度。

（2）纳税人试点前有结存税控发票，抵消了可用授信额度。如纳税人在12月2日共领取1036份单份最高开票限额为10万元的纸质发票，12月6日该户纳税人才成为开票试点，按照授信额度计算规则，需要减去本月已领用发票的额度（3600万元－1.36亿元），所以目前显示可用授信额度为0。

# 六、数电票红冲后扣除的额度会还回来吗?

纳税人赵总和客户一起合作了一个订单,在洽谈、交易等各个环节都非常顺利,在发票开具环节却出了一个小插曲——财务小李不小心把客户公司的名称写错了。赵总只好令其对发票进行全额红冲。

这时,赵总突然产生一个疑问:红冲后扣除的额度会退还吗?

在解答案例中赵总的疑问前,我们需要了解一下数电票红冲后,纳税人额度的退还规则。

## 授信额度退还的规则

数电发票开具之后,无论当月还是跨月,都只能红冲,不存在纸质发票的作废情况。开具蓝字全面数字化电子发票当月开具红字数电发票,电子发票服务平台同步增加其当月剩余可用额度;跨月开具红字全面数字化电子发票的,电子发票服务平台不增加其当月剩余可用额度。对于销售折让的情形,也不会增加其可用发票额度。

若开具蓝字纸质发票当月开具红字纸质发票,或者作废已开具的蓝字纸质发票,电子发票服务平台同步增加其当月剩余可用额度;跨月开具红字纸质发票的,电子发票服务平台不增加其当月剩余可用额度。

因此,案例中的赵总是当即发现了发票错误,并进行了红冲,属于当月开具红字发票,可以退还相应的授信额度。

## "数电票"知识讲堂

**试点纳税人通过电子发票服务平台开具红字发票有哪些注意事项？**

试点纳税人在使用电子发票服务平台开具红字发票时，主要有如下三个事项值得注意。

（1）试点纳税人需要开具红字发票的，可以在所对应的蓝字发票金额范围内开具红字发票。

（2）试点纳税人开具蓝字数电发票当月开具红字数电发票，电子发票服务平台同步增加其当月剩余可用额度；跨月开具红字数电发票的，电子发票服务平台不增加其当月剩余可用额度。

（3）试点纳税人开具蓝字纸质发票当月开具红字纸质发票，或者作废已开具的蓝字纸质发票，电子发票服务平台同步增加其当月剩余可用额度；跨月开具红字纸质发票的，电子发票服务平台不增加其当月剩余可用额度。

# 七、试点纳税人开具纸质专票和纸质普票如何使用剩余可用额度?

周先生是一个试点纳税人,最近开始通过电子发票服务平台开具数电票和数电纸票。由于对相关规定不熟悉,他在工作中经常遇到一些问题。

一天,周先生接到一笔大订单,客户要求开具一张 10 万元的纸质专票。他信心满满地打开电子发票服务平台,却发现自己的剩余可用额度的余额不足,无法开具发票。

周先生感到非常困惑,不知道为什么会出现这种情况。他请教了税务局的工作人员,了解到这是因为他在之前开具专票时,单张发票开具金额超过了单张最高开票限额,导致当月剩余可用额度被扣减完毕。

这种情况下,周先生还能给客户开具发票吗?

## 开具纸质专票和纸质普票,如何使用剩余可用额度?

周先生把自己的烦恼告诉了税务局的工作人员,工作人员向周先生详细地解释了试点纳税人的相关政策和规定,以及剩余可用额度的概念和作用。周先生恍然大悟,意识到自己对于开具纸质专票和纸质普票的使用规定还不够了解。

为了解决眼前的问题,周先生请教了工作人员如何使用剩余可用额度。工作人员告诉他,可以通过申请提高开票限额,从而让自己的账号有足够的剩余可用额度。经过一番努力,周先生终于成功开具了一张 10 万元的纸质专票,解决了客户的燃眉之急。

那么，周先生的这种做法有没有相关政策依据呢？

根据各省、市、地区电子税务局发布的《关于开展全面数字化的电子发票试点工作的公告》解读内容：

"试点纳税人通过电子发票服务平台开具纸质专票和纸质普票时，单张发票开具金额不得超过单张最高开票限额且不得超过当月剩余可用额度，并根据实际开票金额扣除当月剩余可用额度。

试点纳税人领用通过增值税发票管理系统开具的纸质专票、纸质普票、卷式发票、增值税电子专用发票和增值税电子普通发票时，按领用份数和单张发票最高开票限额之积扣除当月剩余可用额度，开具时不再扣除当月剩余可用额度。"

也就是说，假设试点纳税人最高开票限额为 10 万元，当月剩余可用额度为 5 万元，当前如果需要开具一张 8 万元的纸质专票，在开具前，试点纳税人需要向主管税务部门申请纸质专票或普票的方式，提高开票限额，使开票金额不超过最高开票限额且不超过当月剩余可用额度。如果申请通过，试点纳税人就能开具一张 8 万元的纸质专票了。

## "数电票"知识讲堂

**在申请提升剩余可用额度时，需要注意什么？**

试点纳税人在申请提升剩余可用额度时，需要注意以下三点。

（1）只有试点纳税人可以申请提高最高开票限额或增加当月剩余可用额度。

（2）当现有额度不足，且系统自动发起的发票额度动态调整无法满足需求时，纳税人经实名验证后，可以通过补充提供购销合同、固定资产清单、受票方资质证明等材料，向税务机关申请调增发票额度。税务人员对纳税人提交的购销合同、固定资产清单、受票方资质证明等材料进行审核。

（3）申请提高最高开票限额或增加当月剩余可用额度的次数不得超过规定次数。

# 八、试点纳税人在开票过程中，若提示不得继续开票，应如何处理？

王姐是某餐饮公司的财务负责人。某天，在给客户开具数电票的时候，电脑屏幕突然显示"不得继续开票"。王姐百思不得其解，最后只能到主管税务机关处理……

那么，电子发票服务平台提示"不得继续开票"的原因有哪些呢？

## "不得继续开票"的原因

开具数电发票时出现的"不得继续开票"其实是系统给予纳税人的红色预警，即开票系统预警。

电子发票服务平台针对存在发票开具"红色"预警情形的试点纳税人、开具发票过程中存在内容校验不通过、授信额度为 0 等情形会阻断开票，试点纳税人需根据提示进行相应操作。如红色预警需联系主管税务局进行处理，内容校验不通过需更改发票开具内容，授信额度为 0 可以申请额度调整等。

除了红色预警，开票系统预警还有两个级别，分别是黄色预警和蓝色预警。三者的情况见表 3.2。

表 3.2　红色预警、黄色预警与蓝色预警

| 预警分类 | 红色预警 | 黄色预警 | 蓝色预警 |
|---|---|---|---|
| 预警缘由 | 增值税税负过低 | 发票存在异常 | 零、负申报等 |
| 预警后果 | 无法对外开票 | 可继续开具发票 | 可继续开具发票 |

# 收到开票预警如何解决呢？

### 1. 红色预警

当试点纳税人收到"您的行为已经触发开票风险预警机制（红色预警），不能继续开具发票，请到主管税务机关进行处理"提示时，试点纳税人不能继续开票。

常见场景如下。

【开票业务】-【蓝字发票开具】，点击【立即开票】系统弹出提示"您的行为已经触发开票风险预警机制（红色预警），不能继续开具发票，请到主管税务机关进行处理"。此时，系统会触发刷脸认证，完成刷脸认证后，纳税人是不能继续开票的。

### 2. 黄色预警和蓝色预警

当试点纳税人收到"您的行为已经触发开票风险预警机制（黄色预警），请注意虚开增值税发票风险"或者"您的行为已经触发开票风险预警机制（蓝色预警），请注意虚开增值税发票风险"提示时，系统会再次触发刷脸认证，完成刷脸认证后，可继续开票。

此时，试点纳税人可以根据如下步骤来进行操作。

【开票业务】-【蓝字发票开具】，点击【立即开票】系统弹出提示"您的行为已经触发开票风险预警机制（黄色预警），请注意虚开增值税发票风险"，或者"您的行为已经触发开票风险预警机制（蓝色预警），请注意虚开增值税发票风险"系统会再次触发刷脸认证，完成刷脸认证后，纳税人可以继续开票。

#### "数电票"知识讲堂

**开票过程中风险预警阻断开票，给开票工作带来了不好的体验？**

标普云·数票通支持开票前精准监测风险，帮助企业在开票前对"纳税人风险信息"和"纳税人基本信息"进行风控规则设置，如根据**纳税人类型标签、开票方纳税人状态**，**风险纳税人类型、纳税人信用等级、预警级别**等执行校验动作，并留据规则校验记录，与所开发票关联，通过开票前服务提醒和提示更正，实现**事后查验向事前精准检测转变**，有效降低企业发票开具风险。

第四章

# 身 份 管 理

# 一、试点纳税人如何建立、变更、解除与税务人员的关联关系？

王总是一家小型科技公司的老板，他了解到税务等有关部门正大力推进金税四期的建设工作，也听说数电票的种种便利，于是也想试试数电票。但由于公司目前处于创业期，业务不稳定，因此他又有些苦恼：如何找税务人员办理？如果以后涉及公司业务变更或者地址迁移，又该如何变更或解除与税务人员的关联关系？

案例中王总的苦恼，其实是很多试点纳税人都有思考过的问题。本节就来讨论试点纳税人如何建立、变更、解除与税务人员的关联关系。

## 试点纳税人与办税人员关联关系的建立、变更和解除

### 1. 关联关系的建立

金税四期推行后，企业与办税人员之间需通过双向确认完成关联关系建立。当前，纳税人与办税人员关联关系的建立主要有三种方式。

第一种方式是试点纳税人从企业业务入口登录电子税务后，在【账户中心】的【添加办税人员】模块进行添加。被添加办税人员通过电子税务局的自然人业务入口进入【账户中心】或企业业务入口登录页面去做确认授权。若办税人员未在电子税务局注册个人账号的，企业无法新增该办税人员，系统将提示该办税人员尚未注册，应由办税人员先完成注册后，再添加该办税人员。

第二种方式是试点纳税人自主申请企业授权，在【账户中心】的【申请企业授权】模块进行添加，输入企业税号后，选择要申请的身份类型即可完成申请。被申请授权的企业法人或财务负责人通过企业业务入口进入【账户中心】的【待确认办税人员】去做确认授权。

第三种方式是试点纳税人通过线上或线下渠道向税务机关提交其与涉税专业服务机构（人员）签订的委托办税协议信息，涉税专业服务机构（人员）在电子税务局确认后获得相应办税权限，系统自动记录关联关系。

### 2. 关联关系的变更

试点纳税人可以通过电子税务局来新增办税人员或对已有办税人员进行变更，在对办税人员进行岗位权限调整时，税务机关在核心征管系统完成办税人员信息变更，通过实名办税系统验证办税人员实名信息后，由办税人员登录电子税务局确认相关信息。信息确认后，系统自动变更关联关系。

### 3. 关联关系的解除

试点纳税人可以通过电子税务局直接解除与办税人员的关联关系，无须办税人员确认。

### "数电票"知识讲堂

**成为试点纳税人后，原来"一人多户"的情况还会存在吗？**

随着金税四期的推进，为了建立税务网络可信身份体系，建立统一身份管理平台，税务局于2023年5月1日起正式实行"一人一号"制度，即一个纳税人名下只能绑定一个手机号，否则就不能去电子税务局报税了。对于存在"一人多户"情况的纳税人，建议及时更改信息，以防不必要的麻烦。

# 二、试点纳税人如何建立与涉税专业
# 服务机构（人员）的关联关系？

张先生经营着一家小型企业，但由于缺乏涉税专业知识，处理税务问题时常常感到力不从心。他听说某涉税专业服务机构（下称"机构"）非常专业，可以帮助他解决这些问题。于是，他决定前往该机构寻求帮助。

该机构的李税务师非常耐心地听取了张先生的诉求，并为他提供了专业的建议和指导。他向张先生详细解释了企业涉及的各种税种、相关法规和合规要求，并为他制定了一份全面的税务规划方案。在这个方案中，李税务师不仅考虑了张先生的企业现状，还考虑了他的未来发展需求。

张先生对李税务师的专业能力和服务质量非常满意，决定与该机构建立长期的关联关系。从此，他开始定期向该机构咨询涉税问题，并得到了及时、准确的解答和帮助。

随着时间的推移，张先生的企业不断壮大，税务问题也变得越来越复杂。但是，有了专业服务机构的支持，他再也不用担心涉税问题。他非常庆幸自己选择了这个涉税专业服务机构，并建立了良好的关系。

从这个案例，我们可以看到试点纳税人与涉税专业服务机构（人员）建立关联关系是非常有益的。通过专业的服务和良好的合作关系，可以帮助试点纳税人更好地理解税收法规、规避风险、提高合规性，从而更好地经营和发展自己的事业。同时，涉税专业服务机构（人员）也可以通过提供专业服务、解决问题等获得相应的回报，实现双赢的局面。

随着社会经济的发展，税收政策越来越复杂，试点纳税人需要了解的税收知识也越来越多。因此，选择专业纳税服务成为越来越多纳税人的选择。那么，专业的纳税服务一般有哪些优势呢？

# 专业纳税服务的优势

涉税专业服务行业是一种知识密集型的专业服务行业。涉税服务人员通过教育、培训和执业实践获取和掌握财务会计、税收政策等专业知识和实践经验，并持续了解和掌握现行法律、执业技能和实务变化，在应用专业知识和技能时，合理运用职业判断，确保为委托人提供具有专业水准的服务。因此，专业的涉税服务机构能为试点纳税人提供更加专业、靠谱的服务，具备独特的优势。其优势主要表现在如下四个方面。

**1. 专业知识更加全面**

专业纳税服务机构拥有一支经验丰富、专业知识全面的团队，能够为试点纳税人提供全面的税务咨询服务。他们熟悉税法法规，了解各种税收政策，能够帮助试点纳税人合理避税，为试点纳税人提供更加优质的服务。

**2. 服务质量更有保障**

专业纳税服务机构拥有完善的服务体系和规范的服务流程，能够为试点纳税人提供高效、准确、及时的服务。他们能够帮助试点纳税人规范纳税行为，提高纳税合规性，为试点纳税人提供更加可靠的保障。

**3. 节省时间和精力**

选择专业纳税服务可以帮助试点纳税人节省大量的时间和精力。专业纳税服务机构能够为试点纳税人提供一站式的服务，包括纳税申报、税务筹划、税务咨询等多个方面，让试点纳税人不用再为烦琐的纳税事务而忙碌，让他们更好地专注于自己的业务和事业。

**4. 降低成本和风险**

选择专业纳税服务可以帮助试点纳税人降低成本和风险。专业纳税服务机构能够帮助试点纳税人合理避税，为试点纳税人提供更加优质的服务，从而降低纳税成本和风险。

综上所述，选择专业纳税服务对于试点纳税人来说是非常有必要的。它可以帮助试点纳税人全面了解税收政策、提高纳税合规性、降低成本和风险、节省时间和精力，为试点纳税人提供更加优质的服务。

# 如何建立与涉税专业服务机构（人员）的关联关系

试点纳税人与涉税专业服务机构（人员）委托代理关系的建立支持以下两种方式。

（1）涉税专业服务机构（人员）可通过线上或线下渠道向税务机关提交其与纳税人签订的委托办税协议信息，纳税人在电子税务局确认后，涉税专业服务机构（人员）获得相应办税权限，系统自动记录关联关系。

（2）试点纳税人可通过线上或线下渠道向税务机关提交其与涉税专业服务机构（人员）签订的委托办税协议信息，涉税专业服务机构（人员）在电子税务局确认后获得相应办税权限，系统自动记录关联关系。

涉税专业服务机构（人员）以"一人多户"的方式为纳税人代办涉税事宜的，应于办理前向税务机关报送基本信息及委托办税协议信息。

**"数电票"知识讲堂**

**试点纳税人与涉税专业服务机构（人员）建立关联关系时，有哪些注意事项？**

试点纳税人与涉税专业服务机构（人员）建立关联关系时，需要注意以下五点。

（1）授权委托。涉税专业服务机构（人员）需要获得试点纳税人的授权才能代表试点纳税人从事涉税业务，因此您需要向其提供必要的授权文件，如授权委托书等。

（2）服务协议。在与涉税专业服务机构（人员）确定合作关系后，需要签订服务协议，明确服务内容、范围、时间、费用等关键信息，以确保双方权益得到保护。

（3）信息保密。涉税信息和资料属于敏感信息，需要严格保密。试点纳税人应当与涉税专业服务机构（人员）明确保密责任和措施，并确保其能够采取必要措施保护您的信息和资料的安全性和保密性。

（4）监督评价。试点纳税人需要对涉税专业服务机构（人员）的服务质量和效率进行监督和评价，如有需要可以提出改进建议或更换服务机构。

（5）遵守法律法规。试点纳税人和涉税专业服务机构（人员）都应当遵守相关法律法规和合同约定，确保服务质量和效率，并保护试点纳税人的信息和资料的安全性和保密性。

# 三、试点纳税人完成注销后，企业授权人、被授权人的信息及权限是否需要手动撤销？

赵总是某公司的总经理，由于经营不善，公司最终破产，被其他公司收购。在处理完公司的财务和法律事务后，赵总决定申请注销公司的登记信息。

在处理公司注销的过程中，赵总意识到自己在电子发票服务平台的账号与公司的登记信息有关联。他开始思考，自己的账号信息是否也需要进行注销呢？

赵总对于这个问题感到困惑，因为他并没有深入了解电子发票服务平台的规则和流程，不确定自己的账号信息，如企业授权人、被授权人等，是否需要注销，以及如何进行注销。

很多试点纳税人在注销企业信息之后，不清楚是否还需要同步注销电子发票服务平台的税务账号。为了确保试点纳税人的企业信息安全和操作合规，本节将重点讨论试点纳税人如果遇到赵总这种情况，该如何处理。

## 试点纳税人完成注销后，企业授权人、被授权人的信息及权限是否需要手动撤销

当一个试点纳税人完成注销后，其企业授权人、被授权人的信息及权限是否需要手动撤销，取决于具体的电子发票服务平台规则和操作流程。一般而言，试点纳税人在完成注销后，电子发票服务平台会自动同步企业状态信息，自动标记企业授权人、被授权人的身份认证信息及操作权限为失效状态，

以避免企业授权人、被授权人仍然拥有操作权限而造成潜在的安全风险。

举个例子，假设一个试点纳税人在电子发票服务平台上注册并开通了账户，随后其开具了一张数电纸票。在注销后，该试点纳税人无法再登录电子发票服务平台进行任何开票、授权等操作，包括对该数电纸票的冲红、报销等流程。此外，如果一个试点纳税人在注销前已经授权给了某个被授权人，那么该被授权人的操作权限也会被平台标记为失效状态，无法再继续进行开票、授权等操作。这样可以避免被授权人滥用授权或者进行其他不正当操作，确保企业信息安全和操作合规。

也就是说，当一个试点纳税人完成注销后，电子发票服务平台会自动同步企业状态信息，并将企业授权人、被授权人的身份认证信息及操作权限标记为失效状态。这样，企业授权人、被授权人将无法再登录电子发票服务平台进行任何开票、授权等操作。

## "数电票"知识讲堂

### 企业完成注销后，电子税务局没有自动同步企业状态信息怎么办？

一般而言，纳税人在完成企业注销后，电子税务局会自动同步企业状态信息，将企业的状态改为已注销或已吊销等状态。这个过程通常在企业提交注销申请并经过审批通过后，电子税务局会自动更新企业的状态信息，无须企业手动操作。

如果企业用户发现电子税务局没有自动同步企业状态信息，可以联系电子税务局的客服人员或技术支持团队，寻求帮助和解决方案。具体操作方法如下。

方法一：联系电子税务局客服人员。如果企业状态没有更新，企业用户可以联系电子税务局的客服人员，询问原因并寻求帮助。客服人员会协助企业用户检查电子税务局的同步状态，并帮助企业用户解决问题。

方法二：提交申诉或工单。如果企业用户认为电子税务局出现了异常或问题，可以向电子税务局提交申诉或工单，详细描述问题的情况和原因，并请求电子税务局协助解决。

# 第五章

# 乐企服务

# 一、什么是乐企服务?

四川某公司在经营中发现一些税务问题,如涉税业务处理效率和准确性较低,需要人工处理和操作,容易导致涉税失误和错误;涉税成本较高,需要投入更多的人力和物力来处理涉税业务,同时还需要支付一定的涉税成本;涉税风险较高,由于涉税业务处理得不准确和不及时,容易导致涉税风险的发生;等等。

为此,该公司接入乐企服务,通过"总对总税企直连""数据模型化""电子发票管理""数据存储和安全"等一系列数据管理和规划方案,实现了全国所有子公司的涉税数据自动报送和存储,以及电子发票的自动开票、受票、报销、入账和归档等全流程闭环服务。同时,乐企服务还为该公司提供了涉税风险预警和涉税事项智能化辅助功能,帮助该公司提前发现和防范涉税风险,提高了涉税遵从度和风险应对能力。此外,该公司的涉税业务处理效率和准确性得到了大幅提升,涉税成本也得到了有效降低。

那么,什么是乐企服务?接入乐企服务有无风险?乐企服务在税务领域有哪些应用空间呢?

## 什么是乐企服务?

乐企(Natural System),是指国家税务总局向符合条件的企业,通过税务系统与企业自有信息系统直连的方式,提供规则开放、标准统一的数电票等涉税服务(以下简称"乐企服务")的平台。如图 5.1 所示,乐企服务包括乐企自用、乐企他用和乐企联用三种情形。

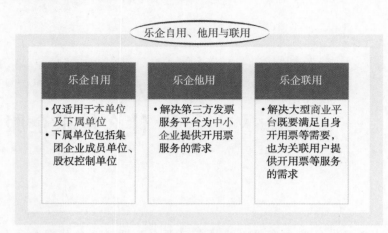

图 5.1　乐企服务的三种情形

乐企自用（Natural System Connection for Self-use，NSCS），是指直连乐企的企业自有信息系统（以下简称"直连平台"）提供的乐企服务仅适用于本单位及下属单位，且不以获取经济利益为主要目的。下属单位包括集团企业成员单位、股权控制单位等。

通俗地说，国家税务总局开放端口与企业自有信息系统，直接连接到国家税务总局乐企平台，进行数字化电子发票开票、受票等涉税服务，实现与税务系统的数据传输和交互。

乐企他用（Natural System Connection for Others-use，NSCO），是指直连平台为与其不具有控制关系的其他市场主体提供乐企服务，并且以该服务作为主营业务收入来源，使用该服务的市场主体自主开展生产经营活动（政府服务机构、行业协会申请乐企他用，不以是否以该服务作为主营业务收入来源作为判定条件）。

通俗地说，乐企他用，就是指以为他人提供服务、经营获利为目的，且其提供的服务为主营业务、主要收入来源，解决第三方发票服务平台为中小企业提供开用票服务的需求。

乐企联用（Natural System Connection for Multiple-use，NSCM），是指直连平台为本单位及下属单位和不具有控制关系的其他关联市场主体同时提供乐企服务，且使用该服务的其他关联市场主体依赖直连平台开展自身生产经营活动，即乐企自用与特定乐企他用的结合。

乐企数据直联是实践和探索"智慧税务"的创新模式，通过向合规企业开放业务规则、搭建乐企数据模型、建立乐企数据体系的手段，将企业的交易、财务等自有业务系统与税务局端信息系统打通，逐步实现政企数据互通互联，数字化服务能力开放，在税务机关、企业之间的公共领域打造以"数电"发票为核心的数据互联通道、税务数字账户中台应用、企企互联网络等数据流转共享基础设施，降低企业整体合规成本、提升税收征管效率、加强行业税企融合，形成多元共治的税收治理格局。

乐企服务作为国家税务总局向符合条件的企业提供规则开放、标准统一的全面数字化电子发票等涉税服务的平台，在税企直连模式下，建设"数电票"数字可控接入平台，建立覆盖"业、财、税"三域①的"数电票"信息交换标准，通过 SDK 引擎、API 服务、库表等多种接入方式，实现数据赋能、安全接入和有效监管，从而提升发票服务体验、提高征管效率、降低征纳成本，促进企业发展。

乐企服务具备三大服务能力，一是"数电票"基础服务能力，包括自动化开票、自动化抵扣勾选、自动化统计确认，以及退税勾选、发票入账、发票查验等能力；二是集中化的智慧申报能力，包括自动计算税额、申报数据预填、自动化申报，以及扩散到"总局对集团总部"的集中化申报服务；三是税务信息推送能力，比如政策解读推送、涉税风险推送、涉税案例推送、风险指标上传使用等。

由于乐企服务是针对企业的服务，它可以为企业提供更加便捷、高效、优质的涉税服务，帮助企业更好地管理税务事务，提高企业运营效率。

## 乐企服务的接口现状与接入风险

目前，"乐企"的定位已经从 1.0 版本的"为部分企业提供发票开具使用服务"，升级为 1.5 版本的"赋能企业数字化转型"，目前还在迭代中。企业

---

① "业、财、税"三域："业"指企业所从事的经济活动或行业领域，包括制造业、流通业、服务业等；"财"指企业在经济活动中的财务活动，包括资金的流入和流出，以及账务管理等方面；"税"指企业需要缴纳的税费，包括增值税、企业所得税、个人所得税等。

接入乐企服务仍存在业务稳定性、税局系统升级成本、财务管理成本等方面的几类难点和问题。

### 1. 无法直接衔接 ERP、CRM 等业务系统

无论企业是否自研接入乐企，均需要配备用于税局乐企与企业业务系统衔接的涉税系统，以满足企业统一赋码、统一归集、统一税收筹划、统一开票等需求。如涉及内外网隔离，还需要做内外网数据转换。

### 2. 接口复杂，指引烦琐，研发成本

乐企接口逻辑复杂，例如蓝字发票开具需要理解 11 项前置业务、9 项开票要素、9 项开票流程才能使用。同时数百页的"纳税人乐企接入指引"也让接入企业望而却步。

### 3. 乐企、数字账户仅能二选一

数字账户需要提供账号密码、短信验证码等信息，同时需要刷脸认证等操作，才能正常开票和进项用票的查验、认证、归集操作。

### 4. 业务、接口规则变动频繁，更新成本高

企业投入足够的研发成本，形成了产品，在未来系统接口变动或业务规则变动时，企业均需配备专属团队，随时跟进税务局发布接口变化调整，升级更新自建接入系统。

但总的来说，乐企的推广意义深远，不仅是支撑企业智慧税务架构和申报数字化的基础服务，而且是构建税企直连模式、实现"以数治税"税收监管的体系升级。

# 乐企服务的应用空间

乐企服务的应用空间非常广泛，主要包括如下五大方面。

（1）建立全面的总对总税企直连涉税数据管理中心，实现涉税数据的集中管理和应用。

（2）建立覆盖企业内部各业务环节的涉税数据模型，对企业涉税数据进行清洗和归集，实现涉税数据的深度分析和挖掘。

（3）提供数电发票开具、受票、查验、报销、入账、归档等一系列全流程闭环服务，帮助企业实现涉税业务的自动化处理和数字化管理。

（4）为企业提供涉税风险预警和涉税事项智能化辅助功能，帮助企业提前发现和防范涉税风险，提高企业的涉税遵从度和风险应对能力。

（5）为企业提供个性化的涉税服务，包括涉税政策解读、涉税业务咨询、税务培训等，帮助企业更好地理解和应用涉税政策，提高企业的涉税业务水平和能力。

综上所述，乐企服务的应用空间非常广泛，可以为企业提供全方位的涉税服务和支持，帮助企业实现涉税业务的数字化管理和优化。

## "数电票"知识讲堂

### 乐企服务是怎么实现涉税数据自动报送和存储的？

乐企服务通过以下方式实现涉税数据自动报送和存储。

（1）总对总税企直连。乐企服务与国家税务总局系统实现对接，通过数据接口实现涉税数据的自动报送和传输，确保数据的准确性和及时性。

（2）数据模型化。乐企服务根据涉税业务的具体情况和需求，建立全面的涉税数据模型，将企业的涉税数据进行分类、整理和标准化，为后续的数据分析和应用提供基础。

（3）电子发票管理。乐企服务提供电子发票开具、受票、查验、报销、入账、归档等全流程闭环服务，帮助企业实现涉税业务的自动化处理和数字化管理，减少人工干预和操作，提高涉税业务处理效率和准确性。

（4）数据存储和安全。乐企服务采用安全可靠的数据存储和备份方案，保证涉税数据的安全性和可靠性，同时提供数据查询、分析、挖掘等应用功能，帮助企业更好地利用涉税数据，提高涉税业务处理效率和准确性。

综上所述，乐企服务通过数据接口、数据模型化、电子发票管理和数据存储等手段，实现了涉税数据的自动报送和存储，帮助企业实现涉税业务的自动化处理和数字化管理，提高涉税业务处理效率和准确性。

# 二、乐企服务有哪些功能？

方总经营着一家专注于智能硬件研发的公司，硬件产品涵盖智能家居、智能穿戴、智能办公等多个领域。2022—2023年，公司业务飞速增长，开票方面的需求也飞速提升，在数据管理、发票归集等方面都逐渐暴露出管理问题。

为此，方总决定开通乐企服务。借助乐企服务"智慧税务"的创新模式，方总下属团队搭建了乐企数据模型，该模型不仅能将公司所产生的全量数据进行统一管理，形成统一的"数据资源池"，提供"信用+风险"新型监管综合性数据赋能，还能将公司的生产交易系统统一接入电子发票服务平台，而无须每个税号分别接入，大大降低了公司的管理成本，提升了公司的办公效率。

那么，如此强大的乐企有哪些功能呢？

## 乐企服务的功能

乐企服务有四大功能，分别是风控和在线审计、赋码和授信额度管理、多组织管理（集团视角）、版式文件生成。

### 1. 风控和在线审计

乐企服务具备严格的风险控制能力，通过多维度的数据挖掘和分析，能够及时发现并防范各种潜在的风险，如乐企服务可以采用先进的风险评估模型，对企业经营状况、财务状况、信用状况等多个方面进行全面的监控和分析，以保障企业的稳定发展和资产安全。乐企服务的风控项目及相关细节见表5.1。

表 5.1 乐企服务的风控项目及相关细节

| 风险管理项/管理阶段 | 开票前 | 开票中 | | 开票后 | |
| --- | --- | --- | --- | --- | --- |
| | 待开票数据获取 | 单据处理 | 发票开具 | 发票上传 | 统计分析 |
| 数据合规校验 | 1. 税号校验；<br>2. 商品税率校验；<br>3. 税收分类编码校验；<br>4. 发票限额校验 | 1. 税号校验；<br>2. 商品税率校验；<br>3. 税收分类编码校验；<br>4. 发票限额校验 | 1. 税号校验；<br>2. 商品税率校验；<br>3. 税收分类编码校验；<br>4. 发票限额校验 | — | — |
| 发票完整校验 | 发票字段校验 | 1. 发票字段校验；<br>2. 发票附加要素校验 | 1. 发票字段校验；<br>2. 发票附加要素校验 | — | — |
| 业务链校验 | 1. 上游证据链校验；<br>2. 上游单据校验 | 1. 上游证据链校验；<br>2. 上游单据校验 | 1. 上游证据链校验；<br>2. 上游单据校验 | — | 1. 下游证据链校验；<br>2. 下游单据校验 |
| 授信校验 | 授信预测 | 授信预测 | 1. 授信额度校验；<br>2. 授信预测 | 授信预测 | 授信预测 |
| 税控安全校验 | 1. 税控离线预警；<br>2. 数电离线预警 | 1. 税控离线预警；<br>2. 数电离线预警 | 1. 税控离线预警；<br>2. 数电离线预警 | 1. 税控离线预警；<br>2. 数电离线预警；<br>3. 数电发票上传预警；<br>4. 税控验签预警 | — |
| 自定义校验 | 1. 自定义限额校验；<br>2. 优惠政策预警 | 1. 自定义限额校验；<br>2. 优惠政策预警 | 1. 自定义限额校验；<br>2. 优惠政策预警；<br>3. 特殊票种预警 | — | 1. 财务指标校验；<br>2. 税务指标校验；<br>3. 业务指标校验 |

乐企服务还会采用预设规则和自动化审计程序，对企业的各项数据进行分析和验证，以确保数据的真实性和准确性。同时，乐企服务还支持对审计结果进行多维度的分析和可视化展示，以帮助企业更好地发现和解决潜在问题，提高企业的经营效率和风险控制能力。

因此，税局乐企端要求企业开票前对"纳税人风险信息"和"纳税人基本信息"进行风控规则设置，在开票前执行校验动作，并留据规则校验记录，与所开发票关联，用于在线审计。乐企风控和在线审计流程示意图如图 5.2 所示。

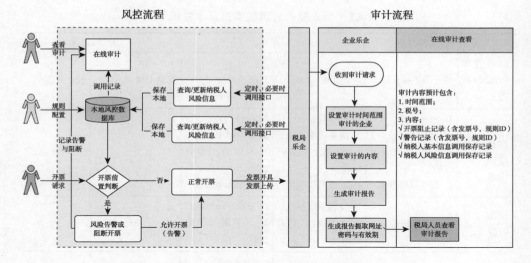

图 5.2　乐企风控和在线审计流程示意图

## 2. 赋码和授信额度管理

乐企服务支持为符合条件的企业自动生成唯一的税务编码，也称为税码。这个编码是企业在税务系统中的唯一标识，可以用来证明企业的身份和纳税资格。乐企服务通过与税务系统的直连，能够自动获取企业的开票信息，并将这些信息转换为符合税务规定的编码格式，从而实现快速、准确的赋码。

授信额度管理是指企业可以通过授信额度管理，向乐企服务申请一定的贷款或信用担保额度，以满足融资需求。同时，授信额度管理也是金融机构有效管理风险的重要手段。乐企服务在设定授信额度时，会全面考虑企业的信用状况、还款能力、还款意愿等因素，并根据风险评估结果，为企业提供合理的授信额度。

乐企服务通过自动生成唯一的税务编码和提供授信额度管理等功能，为企业提供了更加全面、高效、安全的服务，帮助企业更好地实现涉税事务的处理和风险控制。

## 3. 多组织管理（集团视角）

（1）建立组织机构信息。乐企服务支持建立多组织机构信息，包括集团总部、分公司、事业部、加盟商等，让企业多组织经营管理得以运转。

（2）跨组织操作与管理授权。乐企服务支持在系统管理下的用户管理页面中，将用户与不同组织的工作角色关联起来，实现跨组织的业务单据录入和业务审核等。

（3）报表多组织汇总。乐企服务支持报表多组织汇总，可以选择有权限的一个组织、多个组织统计，也可根据隶属关系汇总下级数据。

（4）跨组织数据授权。乐企服务支持通过系统管理数据权限管理，可根据组织、部门、仓库等维度对用户数据进行授权，实现灵活的数据共享和隔离。

乐企服务的多组织管理模式如图5.3和图5.4所示，该管理模式通过建立组织机构信息、跨组织操作与管理授权、跨组织销售和调拨、报表多组织汇总、跨组织数据授权等功能，为企业提供了更加全面、高效、安全的服务，帮助企业更好地实现多组织运营和管理。

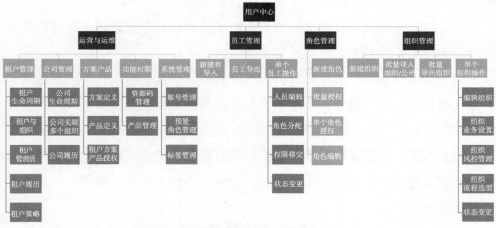

图 5.3　乐企服务的多组织管理模式（一）

图 5.4　乐企服务的多组织管理模式（二）

### 4. 版式文件生成

（1）数电发票强调去版式，但是电子税务局仍然提供 PDF/OFD 等发票文件下载。

（2）乐企平台不提供 PDF/OFD 发票文件，为了迎合用户的使用习惯，需要自建 PDF/OFD 交付给用户。

乐企服务的版式文件生成具体如下。

（1）自动生成。乐企服务可以根据企业的开票规则和打印格式要求，自动生成版式文件，避免手动输入和排版的错误。

（2）批量生成。乐企服务支持批量生成版式文件，可以一次性生成多张发票的版式文件，大大提高了开票效率。

（3）自定义生成。乐企服务支持自定义生成版式文件，可以根据企业的特殊需求，自定义生成符合企业要求的版式文件。

（4）保存模板。乐企服务支持保存版式文件模板，可以将常用的版式文件保存为模板，方便下次使用时直接调用。

（5）导入导出。乐企服务支持导入导出版式文件，可以将生成的版式文件导入其他系统中，也可以将版式文件导出为其他格式，方便与其他系统进行数据交换。

综上所述，乐企服务的版式文件生成具有自动生成、批量生成、自定义生成、保存模板、导入导出等功能，可以满足不同企业的开票需求，提高开票效率和准确性。

# 三、乐企的组成平台有哪些？

某零售公司因为业务需求，需要处理大量的发票，但该公司一直使用传统的纸质发票进行入账管理，需要耗费大量的人工进行验证、分类和存储，不仅效率低下，而且容易出错。

后来，该公司接入了乐企。借助乐企数字可控接入等多种强大的平台，该公司得以快速、准确地处理发票，避免了人为错误，提高了财务处理的准确性和效率。此外，借助该平台全面的数据分析和报告功能，该公司能更加清晰地了解发票的使用情况和趋势，为企业的决策提供数据支持。

那么，乐企由哪些平台组成？它们分别有什么作用呢？

## 乐企的组成平台

乐企通过规则开放、标准统一的方式，为企业提供涉税服务，包括电子发票的开具、管理、验真等。

乐企主要由三大平台构成：数电发票数字可控接入平台、能力开放平台和测试中心（沙箱）组成。

### 1. 数电发票数字可控接入平台

可控接入平台：用于接入者、使用者准入，能力开通及授权。

数电发票数字可控接入平台是乐企服务的核心平台，它通过规则开放、标准统一的方式，为企业提供涉税服务，包括电子发票的开具、管理、验真等，实现了发票服务的全面数字化，大大提高了发票的开具、管理、验真等

101

效率，同时也降低了企业的运营成本和时间成本，提高了企业的竞争力。通过该平台，企业可以快速、准确地处理和管理发票，避免遗失或重复开具。此外，该平台还提供了全面的发票管理功能，包括发票的开具、查验、作废等，帮助企业更好地管理发票。

乐企可控接入平台用于接入者、使用者准入，能力开通及授权的流程如下。

（1）注册登录。接入者和使用者需要注册并登录乐企可控接入平台账号才能进行相关操作。

（2）申请接入。接入者需要向平台提交接入申请，经审核通过后，才能进行开发调试。

（3）权限配置。平台根据接入者的申请，为使用者分配相应的权限和资源，以便进行相应的操作。

（4）能力开通。接入者可以根据自己的需求，向平台申请开通相应的能力接口，并进行配置和管理。

（5）授权访问。对于一些重要的接口和能力，平台需要进行授权访问，只有经过授权的使用者才能进行访问和操作。

（6）安全认证。平台采用了多种安全认证方式，如 OAuth、LDAP 等，保障企业涉税数据的安全性和完整性。

（7）日志记录。平台会对所有的操作和访问进行日志记录，以便进行安全审计和故障排查。

### 2. 能力开放平台

乐企的能力开放平台在生产环境下进行能力对接的主要方式是通过涉税接口的开放和集成。具体来说，乐企能力开放平台提供了多种涉税接口，包括开票、申报、查询、导出等，企业可以根据自己的需求进行申请和配置。同时，乐企能力开放平台还提供了开发者工具，开发人员可以根据自己的需求进行定制开发，满足特定的业务需求。

在生产环境下，乐企能力开放平台采用了多种安全认证方式，如 OAuth、LDAP 等，保障企业涉税数据的安全性和完整性。同时，乐企能力开放平台还提供了严格的安全权限管理，对企业员工进行不同的权限分配，保障涉税数据的安全性。

乐企的能力开放平台的具体功能作用如下。

（1）接口管理。企业可以通过乐企能力开放平台申请、配置、测试和监控各种涉税接口，方便地进行涉税应用开发和管理。

（2）数据服务。乐企能力开放平台提供了多种数据服务，包括数据查询、数据导出、数据订阅等，企业可以方便地获取和管理涉税数据。

（3）开发者工具。乐企能力开放平台提供了多种开发者工具，包括 API 文档、在线调试、代码生成等，开发人员可以快速开发和维护涉税应用。

（4）开放生态。乐企能力开放平台与多个第三方应用进行集成，企业可以根据自己的需求选择合适的应用进行接入和使用。

（5）定制开发。乐企能力开放平台支持定制开发，企业可以根据自己的需求进行定制开发，满足特定的业务需求。

（6）多租户管理。乐企能力开放平台支持多租户管理，不同租户可以独立管理自己的涉税应用和数据。

（7）权限管理。乐企能力开放平台提供了严格的安全权限管理，对企业员工进行不同的权限分配，保障涉税数据的安全性。

（8）安全认证。乐企能力开放平台采用了多种安全认证方式，如 OAuth、LDAP 等，保障企业涉税数据的安全性和完整性。

这些功能可以帮助企业方便地管理和使用涉税应用，提高涉税管理的效率和可靠性。

### 3. 测试中心（沙箱）

测试中心的主要作用是负责对企业财务系统的功能进行测试和验证，确保系统的稳定性和可靠性，以及发现和解决潜在的问题和风险。具体来说，乐企的测试中心可以进行以下工作。

（1）制订测试计划。根据企业的需求和系统特点，制订详细的测试计划，包括测试范围、测试方法、测试数据、测试时间等。

（2）编写测试用例。根据测试计划，编写详细的测试用例，包括测试场景、测试数据、预期结果等，以确保测试的全面性和准确性。

（3）进行测试。按照测试用例进行测试，记录测试结果，以及发现和跟踪潜在的问题和缺陷。

（4）分析测试结果。对测试结果进行分析和总结，提供详细的测试报告，包括测试覆盖率、缺陷数量、问题分布等，以便企业了解系统的质量和稳定性。

（5）提供建议和改进意见。根据测试结果，提供相关的建议和改进意见，帮助企业优化系统功能和流程，提高系统的可靠性和用户体验。

## "数电票"知识讲堂

**乐企的能力开放平台是如何帮助企业进行定制开发的？**

乐企的能力开放平台可以帮助企业进行定制开发，具体方式如下。

（1）接口定制。乐企能力开放平台提供了多种涉税接口，企业可以根据自己的需求进行申请和配置，满足特定的业务需求。

（2）数据服务定制。乐企能力开放平台提供了多种数据服务，企业可以根据自己的需求进行定制，包括数据查询、数据导出、数据订阅等。

（3）开发者工具定制。乐企能力开放平台提供了多种开发者工具，开发人员可以根据自己的需求进行定制开发，满足特定的业务需求。

（4）定制开发模块。乐企能力开放平台支持定制开发模块，企业可以根据自己的需求进行定制开发，包括自定义报表、数据分析、工作流程等。

（5）界面和体验定制。乐企能力开放平台可以根据企业的需求进行界面和体验的定制，包括数据可视化、快捷键等方面，确保用户体验尽可能良好。

总之，乐企通过上述方式，帮助企业进行定制开发，满足了企业特定的业务需求。

实际操作过程中，企业自建发票系统需要耗费大量人力、物力。因此，在实践过程中，不少企业会寻求第三方成熟平台进行发票系统建设，"标普云·数票通"平台内置了丰富的开收票功能，凭借专业实施经验，可以协助企业对接乐企接口，帮助企业快速上线发票管理系统。

# 四、乐企服务的接入条件是什么?

某大型制造企业拥有数千名员工,业务遍布全国各地。然而,随着业务的快速发展,该企业的财务流程逐渐变得烦琐而低效,成为制约企业发展的瓶颈。

为了解决这个问题,该企业希望借助乐企来帮助其实现财务流程的自动化。在接入乐企后,该企业开始了财务流程自动化的改造。乐企对该企业的财务流程进行了全面分析和优化,同时提供了适合该企业的自动化工具和智能化解决方案。

通过乐企,该企业成功地实现了财务流程的自动化,提高了财务处理效率和准确性,优化了业务流程,降低了成本和风险,为企业的长期发展奠定了坚实基础。

那么,乐企服务的接入条件是什么?以下主要从乐企自用、乐企他用和乐企联用三个部分来介绍。

## 乐企自用的接入条件

当前,乐企服务对象分为直连单位和使用单位两类。

### 1. 直连单位

直连单位是指乐企自用所有者,即主要责任单位,应为总分支机构的总公司、集团企业总部、具备股权控制关系的实际控制单位等。乐企服务对直连单位的资质要求见表5.2。

表 5.2  乐企服务对直连单位的资质要求

| 接入条件 | 单位类型 | |
| --- | --- | --- |
| | 直连单位 | 使用单位 |
| 基本条件 | 1. 已纳入全面数字化的电子发票(以下简称"数电票")开票试点纳税人范围<br>2. 纳税信用等级为 A、B 级<br>3. 本企业及同时请求成为其使用单位的企业上一年度营业收入合计 5000 万元以上，或不足 5000 万元但满足税务机关确定的其他条件<br>4. 本企业及同时请求成为其使用单位的企业，发起接入请求月度前 12 个月累计发票开票量及受票量合计不低于 5 万份，或累计发票开受票份数低于 5 万份但开票金额不低于 5 亿元，或均不满足但满足税务机关确定的其他条件<br>5. 近三年内不存在税务机关确定的重大税收违法行为<br>6. 能按照税务机关要求依法提供相关涉税数据，包括但不限于使用单位身份信息、取酬账户信息、经营收入情况等，以及需要特别提供的货物流、资金流、现金流等其他涉税数据<br>7. 医院、热电、公共交通等民生保障类行业纳税人，营业收入及开受票量等不满足以上条件的，税务机关可根据实际情况适当降低接入条件标准 | 1. 已纳入数电票开票试点纳税人范围<br>2. 为直连单位或与其为同一总分公司、集团企业或具备相互股权控制关系的企业<br>3. 纳税信用等级为 A、B、M 级（B、M 级纳税人需要定期提供货物流、资金流、现金流的有关数据；非独立核算分支机构等可不参与纳税信用等级评价的除外）<br>4. 近三年内不存在税务机关确定的重大税收违法行为<br>5. 能配合直连单位按照税务机关要求依法提供相关涉税数据。遵循税务机关管理要求，如实向税务机关报告重大变化和使用情况 |
| 技术和安全条件 | 1. 遵守网络安全、数据安全相关规定，遵循税务机关相关管理要求，如实向税务机关报告重大变化和使用单位情况，并承担因使用单位的违法违规行为引发严重后果的连带责任<br>2. 有专业的信息化建设、服务、运维能力，企业自有信息系统具有软件著作权、使用权，或相关授权<br>3. 必须按照税务机关的要求保存数据并内嵌风险控制规则，同时向税务机关开放接口，供税务机关在线查验 | |
| 其他条件 | 税务机关确定的其他条件 | 税务机关确定的其他条件 |

## 2. 使用单位

使用单位是指使用相关乐企服务的使用者，应为总分支机构的总分公司、集团企业总部及其下属成员企业、与直连单位具备股权控制关系的关联企业等。

乐企服务对使用单位的资质要求在表 5.2 中有详细列出。

# 乐企他用的接入条件

乐企他用接入直连单位的基本条件见表 5.3。

**表 5.3　乐企他用接入直连单位的基本条件**

| 序号 | 乐企他用接入直连单位的基本条件 |
|------|---------------------------------|
| （1） | 具有独立承担民事责任的能力 |
| （2） | 已纳入全面数字化的电子发票（以下简称"数电票"）开票试点纳税人范围 |
| （3） | 注册资本（实缴或认缴）1000 万元以上 |
| （4） | 稳定缴纳社保满两年的人数 20 人以上 |
| （5） | 技术人员占员工总人数 20%以上 |
| （6） | 纳税信用等级连续三年为 A 级 |
| （7） | 征收方式为查账征收 |
| （8） | 近三年内不存在税务机关认定的重大舆情风险警示或应对、重大税收风险警示或应对等行为 |
| （9） | 能按照税务机关要求依法提供相关涉税数据，包括但不限于自身及他用单位经营者身份信息、经营收入情况、银行账户往来信息等，以及需要特别提供的货物流、资金流、现金流等其他涉税数据 |
| （10） | 遵循税务机关相关管理要求，如实向税务机关报告重大变化和他用单位情况，并承担因他用单位的违法违规行为引发严重后果的连带责任 |
| （11） | 遵守网络安全、数据安全相关规定，平台可存储涉税数据最高条数为 100 万条，且不得复制、导出、转售或向他人提供涉税数据，定期主动将他用单位涉税数据上传税务机关后清除 |
| （12） | 拥有专业的信息化建设、服务、运维能力（团队中至少有 1 位高级工程师，且企业具有有效期内的 ISO 20000 信息技术服务管理体系认证证书、ISO 27001 信息安全管理体系认证证书），企业自有信息系统具有软件著作权、使用权，或相关授权 |
| （13） | 必须按照税务机关的要求保存数据并内嵌风险控制规则，同时向税务机关开放接口，供税务机关需要时在线查验 |
| （14） | 具备条件的政府服务机构或由民政部门等登记管理机关核准成立的行业协会，在证实其接入能力及接入必要性的前提下，税务机关可根据实际情况适当降低或另行制定接入条件标准 |

税务机关确定的其他条件，乐企他用接入他用单位的基本条件见表 5.4。

表 5.4    乐企他用接入他用单位的基本条件

| 序号 | 乐企他用接入他用单位的基本条件 |
|---|---|
| （1） | 已纳入数电票开票试点纳税人范围 |
| （2） | 与乐企他用直连单位没有组织架构或股权控制关系 |
| （3） | 纳税信用等级为 A、B、M 级（B、M 级纳税人需要定期提供货物流、资金流、现金流的有关数据；个体工商户、非独立核算分支机构等可不参与纳税信用等级评价的除外） |
| （4） | 近三年内不存在税务机关认定的重大舆情风险警示或应对、重大税收风险警示或应对等行为 |
| （5） | 按时上传相关涉税数据，并遵循税务机关管理要求，如实向税务机关报告重大变化和使用情况 |
| （6） | 税务机关确定的其他条件 |

# 乐企联用的接入条件

## 1. 直连单位

乐企联用的直连单位应当具备的基本条件与乐企他用一致，另外需同时满足两个条件，乐企联用接入直连单位的 2 个条件见表 5.5。

表 5.5    乐企联用接入直连单位的 2 个条件

| 序号 | 乐企联用接入直连单位的 2 个条件 |
|---|---|
| （1） | 本企业及同时请求成为其联用单位的企业上一年度营业收入合计 5000 万元以上 |
| （2） | 本企业及同时请求成为其联用单位的企业，发起接入请求月度前 12 个月累计发票开票量及受票量合计不低于 5 万份或累计发票开受票份数低于 5 万份但开票金额不低于 5 亿元 |

## 2. 联用单位

联用单位应当按其与直连单位的关系分别满足乐企自用或乐企他用对使用单位的要求。

 **"数电票"知识讲堂**

### 乐企有什么优势呢？

乐企是部署在企业本地的一项数字化、智能化嵌入式服务。一方面通过接口对接企业 ERP 等系统，另一方面通过 HTTPS 加密通道对接电子发票平台，企业可依托自有系统完成开票用票，有效降低企业发票管理成本。

# 五、乐企数据直连服务申请流程是什么？

王总经营着一家以软件开发和信息技术服务为主营业务的小公司，经过十多年的发展，该公司已经有着 50 多名员工的规模，业务范围涵盖了软件开发、系统集成、技术支持等多个领域。

随着业务量的增长，该公司原有的税务管理方案已经无法满足公司的需求。为了提高工作效率，降低运营成本，王总决定申请接入乐企服务。

那么，乐企服务的申请流程是怎样的呢？

## 乐企服务的申请流程

### 1. 确定直连单位与使用单位

我们在前面提到乐企服务对企业的资质要求涉及直连单位与使用单位两类，因此，申请乐企服务除了先要对这两类企业进行资质认证外，还需要明确各申请人的责任，见表 5.6。

**表 5.6 乐企服务申请人及责任分布**

| 申请人 | 责任重心 |
| --- | --- |
| 直连单位 | ①对接乐企平台<br>②邀请或授权使用单位接入乐企平台<br>③及时维护与使用单位的关联关系台账<br>④按照税务机关的要求，承担平台内相关数据的安全责任<br>⑤对乐企自用的运营及使用单位的日常涉税行为进行监管<br>⑥及时报送相关涉税数据<br>⑦做好变更事项报送、版本更新、资格延续、终止管理等相关维护保障工作 |

| 申请人 | 责任重心 |
|---|---|
| 使用单位 | ①接受直连单位按照税务机关要求实施监管<br>②按税务机关要求上传相关涉税数据 |

在这一步，相关单位需要重点关注的，首先是涉税数据。何为涉税数据？狭义的涉税数据指使用单位身份信息、取酬账户信息、经营收入情况等，以及需要特别提供的货物流、资金流、现金流等其他涉税数据。广义的涉税数据指纳税人财务、经营、银行账户、物流、代扣代缴等数据。

其次是关联关系台账。关联关系台账是乐企直连单位与使用单位关联关系的证明，目前仅纳入有投资关系的关联企业，与关联交易判定标准存在区别。

此外需要注意的是，直连单位有义务对使用单位税务合规事项进行内部监管，按季度进行数据风险监测，并承担安全责任。

### 2. 准备申请材料

直连单位与使用单位需要准备的申请材料有所差异，具体见表 5.7。

表 5.7 直连单位与使用单位需要准备的申请材料

| 申请人 | 需要准备的申请材料 |
|---|---|
| 直连单位 | ①《乐企直连服务接入信息表》<br>②《乐企直连服务协议书》<br>③企业自有信息系统的软件著作权或使用权证明<br>④《项目报告》应包括业务部分、技术部分、管理部分，其中业务部分至少应包括接入应用的开发项目说明、项目规划、业务量等内容。技术部分至少应包括网络环境、安全方案、硬件环境、系统设计、技术实现等内容。管理部分至少应包括技术支撑管理、安全管理、运维管理等内容<br>⑤《授权委托书》（直连单位授权其关联企业建设、管理平台，或授权不具关联关系的第三方企业建设平台时提供）<br>⑥《乐企服务网络地址备案表》（在线填写） |
| 使用单位 | ①使用单位应提供能够证明与直连单位关联关系的相关材料（使用单位为省级及以上税务机关确定的铁路、民航、公路等隶属于统一政府业务监管部门的，无须提供）<br>②税务机关要求的其他材料 |

### 3. 乐企数据直连服务接入流程

乐企数据直连服务接入流程如图 5.5 所示。

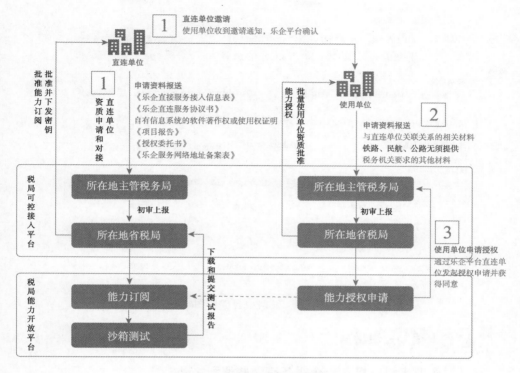

图 5.5　乐企数据直连服务接入流程

### 4. 乐企开通能力与测试流程

乐企服务接入之后，需要使用者以法人或者财务负责人身份登录电子税务局，才会出现"乐企"链接；使用者接着开通相关能力，然后进行沙盒测试，在完成沙盒测试且电子税务局确认后，才能正式上线正式环境。

### 5. 发票中台架构

图 5.6 为发票中台架构图。

发票中台主要有如下功能：

（1）兼备 API 和电子税务局，遇到开票受阻，可按路由规则切换通道，和重试去重机制，确保高可用的开票能力。

（2）与电子税务局规定完全一致及时同步的兜底校验，可定义预警通知对象，保留预警后的操作日志供税局在线审计。

（3）可缓存电子税务局推荐的信息，通过配置控制缓存。

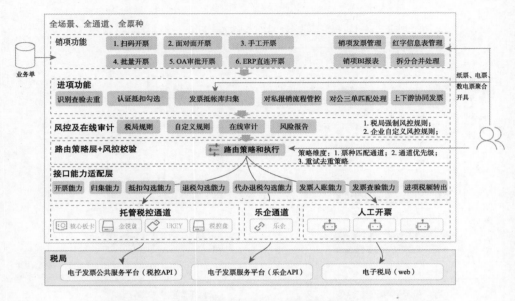

图 5.6　发票中台架构图

**"数电票"知识讲堂**

**对企业来说，接入乐企服务有哪些便利之处？**

乐企服务可以为企业提供五大便利之处。

（1）无须刷脸。未接入乐企情况下，根据企业信用等级需定时刷脸实名认证，信用等级低的每次开票均需刷脸，严重影响开票效率。

（2）离线开票。乐企服务支持在离线的情况下执行开票等发票相关处理，待网络恢复后再同步到局端。

（3）自主控制开发风险。通过乐企通道，在开票前可以获取到纳税人风险信息、税率、税收分类、赋码段、红字等相关验证数据和规则，企业自主完成风险及合规校验。

（4）高并发底层架构。自主赋码、规则校验，无须频繁进行局端"黑盒"交互，从原生底层逻辑上支持高并发开票请求处理。

（5）高可用性保障。总局官方直连通道，稳定性、安全性，以及通信效率都具备较高的技术保障。

# 六、不满足乐企接入条件可以体验乐企服务吗？电子发票服务平台与乐企平台开票有什么不同？

方总经营着一家专注于智能硬件研发的公司，硬件产品涵盖智能家居、智能穿戴、智能办公等多个领域。2022—2023 年，公司业务飞速增长，开票方面的需求也飞速提升，在数据管理、发票归集等方面的管理问题也逐渐暴露出来。

他向好友陈总讲述他的问题时，陈总建议方总申请开通乐企服务，可以在开票、发票管理、税务管理等多个方面实现降本增效。方总听完陈总的讲述，心动不已，但是在申请乐企自用服务的过程中发现企业并不满足条件。那么，除了乐企自用的方式，还有别的方式可以接入乐企服务吗？

同时，他心里也有个疑问："电子发票服务平台与乐企平台开票有什么区别呢？"

随着数字化时代的到来以及金税四期建设工作的推进，企业财务管理的方式也发生了巨大变化。传统的纸质发票已经逐渐被电子发票所取代，而全电票开票接口作为一种智能化解决方案，为企业提供了更高效、更准确的开票方式。

## 电子发票服务平台与乐企平台开票的差异

从乐企直连的接入条件来看，大多数企业申请乐企直连还是具备一定的门槛。对于未满足乐企自用申请条件，但是电子税局又不满足当前开票需求的企业而言，主要有以下两方面的烦恼。

**1. 电子税局无法满足企业开票需求**

（1）电子税局无法直接衔接企业业务系统，企业"被迫"使用电子税局手工开票、用票效率低，人工处理工作量激增；

（2）电子税局开票、用票只提供基础能力，且场景单一，无法满足企业多元化开票、用票需求；

（3）企业缺乏集团数据管理，无法满足精细化管理需求；

（4）业财税一体化在发票环节中断，难以有效联动。

**2. 申请乐企自用门槛和成本高**

（1）乐企自用门槛要求高，企业难以达到申请乐企自用的条件；

（2）申请乐企自用过程漫长，存在不确定性；

（3）乐企接口逻辑复杂，指引烦琐，研发成本高；

（4）业务、接口规则变动频繁，更新成本高。

而乐企他用恰好解决了这部分企业的难题。乐企他用是官方税企直连的通道，由第三方企业通过直连平台，为不具备乐企直连资格的企业提供乐企他用服务。如标普云自数电票推广之初就积极布局乐企他用，目前已基本确定，数票通将是第一批用上乐企他用接口的平台。

与电子税局相比，乐企他用衔接企业内部系统，能有效提升企业开票效率，实现自动化；其次，税企直连也能开票、用票全自动化，有效提升企业发票管理效率；更重要的是乐企他用开票稳定性强，支持高并发开票。表 5.8 为电票平台与乐企他用服务的差异对比。

表 5.8　电票平台与乐企他用服务的差异对比

| | | 电票平台（Web） | 乐企他用服务 |
|---|---|---|---|
| 销项 | 操作方式 | 在 Web 页面手工操作 | 通过系统与税局直连使用 |
| | 开票员操作 | 通过电子税务局手工开具，单张开具 | 系统对接自动开具，批量开具 |
| | 功能表现 | 标准开用票功能 | 标准功能＋合规管理＋个性定制 |
| | 实人认证（扫码刷脸） | 需要 | 不需要 |
| | 开票效率和准确性 | 低 | 高 |

续表

| | | 电票平台（Web） | 乐企他用服务 |
|---|---|---|---|
| 销项 | 号码生成 | 局端平台 | 预先下载号码段、自行组装 |
| | 发票交付 | 自行从电票平台下载交付 | 本地生成文件上传和交付 |
| | 支持发票类型 | 全电、纸质 | 仅全电 |
| | 数据汇总和下载 | 手工 | 自动 |
| | 多机构支持 | 不支持 | 支持 |
| | 业财税系统融合 | 不支持 | 支持业财税一体化 |
| 进项 | 操作方式 | 在 Web 页面手工操作 | 通过系统与税局直连使用 |
| | 发票数据获取 | 数字账户，手工下载 | 数字账户，自动获取 |
| | 业财税系统融合 | 不支持 | 打通业务系统自动三单配单 |
| | 发票查询 | 基础查询条件，进行数据筛选 | 自定义条件筛选 |
| | 发票勾选 | 单张勾选，线下整理，导入勾选 | 规则自动批量勾选 |
| | 发票入账 | 单张勾选，线下整理，导入入账 | 从业务系统获取状态，规则自动批量认证 |
| | 版式文件管理 | 单张查询、单张下载 | 条件筛选，批量导出 |

而与乐企自用相比，乐企他用申请门槛低、成本低，未满足乐企自用条件的企业也可以接入使用；其次无税务风险，能定期提供相关涉税数据；在落地时间方面也比较短，不确定性大大降低；同时接口规则同步更新，没有维护成本。

**"数电票"知识讲堂**

### 乐企服务能带给企业哪些新的机遇？

企业纳入乐企直连，能够实现以数据要素为驱动，通过数电发票承载业务、财务、税收的关键信息，贯穿发票开、管、收、存、用的全流程、全环节。企业通过乐企能够实现全面的总对总税企直连，实现集团发票税务数字化管控和协同应用，未来随着税务总局在乐企平台上不断开放的直连申报、风险预警能力，全面推动集团税务数字化变革。具体表现如下：

- 专用发票集中化、自动化、无纸化管理。

- 免刷脸，发票自动合规开具，提升工作效能与管理水平。

- 提升"业务–财务–税务"协同管理水平。

- 提高采购结算等交易过程中的财务管理效率和准确率。

- 为全面税务合规管理提供准确、标准统一的数据基础，提高税务数字化管理与分析水平。

- 为纳税申报、税务风险识别提供数据基础，可以比照金税四期逻辑提升。

- 为全面实现会计档案无纸化存储提供保障，真正提升财务档案管理利用能力。

- 建立完整而准确的财税数字化转型管理基础。

- 未来能够享受更多税企直连服务。

第六章

# 发 票 开 具

# 一、蓝字发票开具流程是什么?

近日,深圳某财务公司紧跟金税四期的建设步伐,开始试点数电票。为了让员工加快适应金税四期的变化,该公司打算开展一次数电票知识培训会。

由于对数电票的开票流程不熟悉,员工小刘在培训会前准备了一个问题:蓝字发票开具流程是什么?希望借助这个问题,自己能更加快速地掌握培训内容。

那么,蓝字发票开具流程是什么呢?

## 蓝字发票的开具流程

蓝字发票是指平时开具的正常发票,在用于区别红字发票时,会称之为蓝字发票。在金税三期时代,纳税人可以通过增值税发票的开票软件来开具蓝字发票,开票过程比较复杂,需要借助税务软件工具才能完成。而在金税四期时代,纳税人只需登录电子发票服务平台即可完成开票相关操作,大大提升了开票效率,具体流程如下。

进入电子发票服务平台,纳税人登录成功后,点击【我要办税】-【开票业务】-【蓝字发票开具】。点击【立即开票】进入开票功能,选择要开具发票的票种。设置后,点击【确定】。接着录入发票信息,再点击下方【发票开具】。

纳税人可以在开票成功界面点击【查看发票】或【发票下载】进行发票查看与下载。

纳税人成功开具数电票后,可通过系统自动交付和纳税人自行交付两种方式实现发票交付。

电子发票服务平台开具的发票有以下两种交付形式。

### 1. 系统自动交付

系统自动交付即数字账户自动交付，是指销售方成功开具发票后，系统默认将电子发票文件及数据自动交付至购买方税务数字账户，如果购买方为未录入组织机构代码的党政机关及事业性单位，系统无法自动交付。

### 2. 纳税人自行交付

自行交付方式是指纳税人通过电子邮件交付、二维码交付、发票下载PDF、发票下载OFD、下载为XML等方式进行发票交付。

操作流程是：点击【税务数字账户】-【发票查询统计】-【全量发票查询】进入发票查询页面，选择一条数电票数据并点击该数据右边操作栏下的【交付】，在弹窗中选择交付方式。

**"数电票"知识讲堂**

数电票交付形式中，邮件交付、二维码交付、发票下载 PDF、发票下载 OFD、下载为 XML 等方式是如何确定的？

数电票开票成功后，纳税人可通过税务数字账户自动交付数电票，也可通过电子邮件交付、二维码交付、发票下载 PDF、发票下载 OFD、下载为 XML 等方式进行发票交付。交付方式的设置如下。

（1）邮箱交付：点击"邮箱交付"，在弹出页面选择文件格式和输入邮箱地址，点击"确定"进行交付。

（2）二维码交付：点击"二维码交付"，在弹出页面将二维码展示给购买方，由购买方扫描二维码获取发票。

（3）发票下载：点击"发票下载 PDF""发票下载 OFD"或"下载为 XML"，将发票下载到电脑本地，再通过其他方式交付给购买方。

# 二、企业有长期固定业务，
# 有没有快捷开票的方式？

老张是一家制造业企业的会计。近几年公司经过努力经营，业务有了稳定的增长，在发票需求上也与日俱增，使得老张的工作变得异常忙碌。

忙碌的节奏使得老张开始思考如何提升开票效率，他决定先从电子发票服务平台的开票方式上入手。

那么，电子发票服务平台可以提供的快捷开票方式是什么样的呢？

## 快捷开票的方式

除了立即开票和扫码开票等多种开票方式，电子发票服务平台还支持快捷开票，具体操作如下。

纳税人登录电子税务局后，进入电子发票服务平台首页，依次点击【我要办税】-【开票业务】-【蓝字发票开具】-【发票填开】-【添加快捷方式】模块，可以根据实际需求对不同的发票类型、票种标签、特定业务、差额、减按、项目信息、客户信息等内容进行设置。填写完毕后，点击"保存"，则保存为快捷方式，并展示在"蓝字发票开具"二级首页功能的"发票填开"中，后续可直接点击快捷方式进入既定的发票内容页面填写发票信息；点击"取消"，则取消添加快捷方式。

**"数电票"知识讲堂**

**在哪里查询刚开具的数电票？**

纳税人登录电子税务局，在【我要办税】-【开票业务】-【蓝字发票开具】-【最近开票】模块，支持查询最近开具的 10 张发票，该模块查询所得的发票，可以用于复制开票、交付发票和查看发票详情。若需查询更多、更早的发票或者重新下载打印，请至【我要办税】-【税务数字账户】-【发票查询统计】-【全量发票查询】模块。

# 三、开数电票，不想太频繁进行人脸识别，怎么办？

小邹在使用电子发票服务平台给客户开具发票时，发现老是弹出人脸识别认证。由于最近业务提升，需要使用平台开票的频率也增加了，使得人脸识别弹出更加频繁，这不仅浪费了小邹的时间，还增加了其开具发票的操作难度，尤其是在客流量大的时候，更是让他难以应对。这令小邹颇为苦恼。

## 如何修改电子发票服务平台的人脸验证？

为了保证开票信息的真实性，纳税人在使用电子发票服务平台开票时，系统会跳转身份认证，需要纳税人进行人脸识别认证，进行身份授权。只有经过授权的用户才能进行发票的开具。

案例中的小邹如果不想太频繁地进行人脸识别验证，可以进行手动设置。具体操作方法是公司的法定代表人或财务负责人登录电子税务局后，依次点击【我要办税】-【开票业务】-【蓝字发票开具】，进入页面后点击【身份认证频次设置】，即可修改人脸识别的刷脸认证频次。纳税人可以根据实际需要修改人脸识别的刷脸认证频次，身份认证时间间隔可设置范围为 0.5～24 小时。

### "数电票"知识讲堂

**在使用电子发票服务平台的人脸验证时，提示"核验失败"怎么办？**

出现这种问题，首先要确保登录和扫码的用户名一致。因为不同的账号，操作的权限不同，办税员必须使用自己的账号登录且扫码才能通过验证。

在确认登录和扫码用户名一致后，如果仍出现"核验失败"的情况，这可能是由当前人像信息和后台记录信息比对不通过导致的。纳税人可以先核实使用的税务 App 是否为最新版，可在【我的】-【关于】查看版本信息。如果版本问题无法解决，建议去办税服务厅实名办税系统重新采集更新，完成后第二天进行重试。如果仍然无法通过，请联系税务机关并提供企业信息、自然人证件姓名信息和清晰的人像头部照片等。

# 四、数电票开具错误，可以作废吗？

一天，一位财务部门的实习生小李在开具数电票时，发现有发票开具错误的问题。他立即向主管领导报告了这件事。

主管在了解到情况后，决定立即暂停数电票的开具，并组织技术团队进行修复。同时，他们也联系了受影响的部门和客户，以确保他们及时收到更正的发票。

经过一整天的努力，技术团队终于修复了系统，并成功进行了测试。在确认新系统正常后，公司重新开始了发票的开具。

那么，数电票开具错误，可以作废吗？或者说，数电票开具错误，应该如何处理呢？

## 数电票开具错误，可以作废吗？

可以肯定的是，数电票一旦开具，是无法作废的，不过，如果发生开票有误等情形，需开具红字数电票进行冲红处理。

红冲是一种更正错误账目的方法，通过将其抵消并进行反向记录来消除错误的影响。在进行红冲之前，试点纳税人应仔细核对错误的发票和正确的发票，确保红冲的金额和信息准确无误。

在执行红冲时，试点纳税人可以按照以下步骤进行红冲操作。

（1）在账目中找出错误的发票和正确的发票，确认红冲的金额和信息。

（2）在账目中创建一张新的发票，记录红冲的金额和信息。

（3）将新发票发送给客户和合作伙伴，说明红冲的原因和金额。

（4）在财务报告中记录红冲的信息，以确保账目准确无误。

一般情况下，试点纳税人发生销货退回、开票有误、服务中止、销售折让等情形，均可按规定开具红字数电发票。

不过，已开具的数电票有以下几种情况的，不允许开具红字数电发票。

（1）蓝字发票已作废、已全额红冲、已被认定异常扣税凭证、已锁定（已发起红字确认单或信息表且未开具红字发票、未撤销红字确认单或信息表）时，购销双方均不允许发起红冲。

（2）蓝字发票增值税用途为"待退税""已退税""已抵扣（改退）""已代办退税""不予退税且不予抵扣"时，购销双方均不允许发起红冲。

（3）蓝字发票税收优惠类标签中，"冬奥会退税标签"为"已申请冬奥会退税"时，购销双方均不允许发起冲红。

（4）发起红冲时，如对方纳税人为"非正常""注销"等状态，无法登录系统进行相关操作时，购销双方均不允许发起红冲。

此外，在电子税务局新增了入账标识功能后，如购方在电子税务局对发票标识为"已入账"或已进行抵扣认证，若销方需要发起红冲，在电子税务局申请红字确认单，则需要对方确认通过后才允许开具红票；再如发票标识为"未入账"或未抵扣认证，若需要红冲，直接发起红字确认单即可，无须对方确认。

### ■ "数电票"知识讲堂

**怎么用数电发票冲电子发票？如何对蓝字税控发票开具红字发票？**

当开票方纳税人仍使用增值税发票管理系统开具发票时，应按原税控红冲流程开具红字税控发票。当开票方纳税人已不再使用增值税发票管理系统、仅使用电子发票服务平台开具发票时，可参照蓝字数电发票红冲流程发起《红字信息确认单》并开具红字数电发票。

# 五、蓝字发票开具时，
# 填写项目名称后为什么无法带出税率？

某超市的财务小张在开具一张商品销售发票时，发现无法带出税率。小张检查后发现纳税人识别号填写有误。于是他对开票信息进行更改，更正了纳税人识别号，终于重新开具了发票。

那么，开具蓝字发票时，无法带出税率的原因有哪些呢？我们又该如何解决呢？

## 开具蓝字发票时，无法带出税率的原因

蓝字发票开具时，填写项目名称后无法带出税率的原因可能是以下四点。

### 1. 税率调整

所开具的发票项目税率可能进行了调整，导致无法正常带出税率。

遇到这种情况，可以检查税率是否调整，如果调整了税率，需要重新设置开票系统的税率库信息。

### 2. 信息填写有误

在填写蓝字发票信息时，如果填写有误，如填写了错误的纳税人识别号、经营项目未填写等，也可能会导致无法带出税率。

遇到这种情况，需要检查发票信息是否填写正确，如果填写有误，需要更正错误的信息即可重新开具发票。

### 3. 系统设置问题

所使用的开票系统可能存在设置问题，如税率库信息不完整、系统缓存问题等，导致无法带出税率。

开票人可以检查系统设置是否正确，如果设置有问题，需要修复系统设置并重新开具发票。

### 4. 数据库信息有误

开票系统中的数据库信息可能存在错误或缺失，导致无法带出税率。开票人可以检查数据库信息是否正确，如果错误或缺失，需要修复数据库信息并重新开具发票。此外还有一种情况，是由网络不稳定引起的，这时需要检查网络问题或者进行刷新，等网络恢复正常即可。

**"数电票"知识讲堂**

**蓝字发票开具时，如果想要新增项目信息，应该怎么办？**

蓝字发票开具时，只有选择已经维护的项目名称时才会正常带出税率。若要新增项目信息，具体操作如下。

（1）登录电子税务局，依次选择【我要办税】-【开票业务】-【开票信息维护】，进入对应模块。

（2）在主页面左侧【项目信息分类】中选择一个节点，点击"+"或"…"，弹出新增项目分类页面。填写完毕后，点击【保存】，保存信息并返回主页面；点击【取消】，取消保存信息并返回主页面。

（3）在左侧选中一个项目信息分类后，在主页面右侧点击【添加】，进入添加项目信息页面。

（4）填写对应的项目名称等信息。项目信息填写完毕后，点击【保存】，保存信息并返回主页面；点击【取消】，取消保存并返回主页面。

# 六、红字发票开具怎么做?

某公司的会计张姐在检查发票时,发现实习会计小林有一单发票客户信息填错了。张姐把这个情况告诉了小林,由于这单发票已经跨月了,只能开红冲发票来冲减原销项,以便重新入账。

那么,纳税人在什么情况下可以进行发票红冲,什么情况下不能进行发票红冲呢?

## 红字发票的开具情形

红字发票,又称红冲发票,在会计工作中,当发票有误或者销售的货物发生全部退回或部分退回,使得销售服务终止,这时候就需要开具红字发票,来冲减原销项,将正确的发票重新入账。换句话说,红冲就是以前做了一张错误的凭证,现在用红字做一张和蓝字一样但是金额为负的红字凭证,就可以把原凭证冲了,然后再做一张正确的蓝字凭证就可以了。

一般来说,需要开具红字发票的情形如下。

(1)发票开具已经跨月或者跨年,开票方才发现发票开错,或者货物销售后发生了全部退回或部分退回的情况。

(2)开票方或受票方临时中止了交易服务。

(3)发生了销售折让,即开票方因为商品质量等原因,在售价上给予受票方减让。这种情况有两种,一种是受票方未做用途确认及入账确认的,能取回原发票,开票方按折让后的货款重新开具销售发票给受票方,这时开具的是蓝字发票，且不得开具红字发票；另一种是受票方已做用途确认及入账确认的，这时开票方可开具红字发票抵减当次的销售收入。

# 红字发票的开具流程

根据税务部门的要求，试点纳税人发生开票有误、销货退回、服务中止、销售折让等情形，需要通过电子发票服务平台开具红字数电票，按以下规定执行。

（1）受票方未做用途确认及入账确认的，开票方在电子发票服务平台填开《红字发票信息确认单》（以下简称《确认单》）后全额开具红字数电票，无须受票方确认。其中，《确认单》需要与对应的蓝字发票信息相符。

（2）受票方已进行用途确认或入账确认的，受票方为试点纳税人，开票方或受票方均可在电子发票服务平台填开并上传《确认单》，经对方在电子发票服务平台确认后，开票方全额或部分开具红字数电票或红字纸质发票；受票方为非试点纳税人，由开票方在电子发票服务平台或由受票方在增值税发票综合服务平台填开并上传《确认单》，经对方确认后，开票方全额或部分开具红字数电票。其中，《确认单》需要与对应的蓝字发票信息相符。

受票方已将发票用于增值税申报抵扣的，应当暂依《确认单》所列增值税税额从当期进项税额中转出，待取得开票方开具的红字发票后，与《确认单》一并作为记账凭证附件。

（3）试点纳税人通过电子发票服务平台开具的数电票或纸质发票已用于申请出口退税、代办退税的，暂不允许开具红字发票。

红字发票的开具流程需要根据开票情形来确定，主要有如下三种情况。

## 1. 受票方未做用途确认及入账确认的

开票方开具数电发票后，受票方未做用途确认及入账确认的，开票方在电子税务局数电发票功能模块填开《红字发票信息确认单》后，全额开具红字数电发票，无须受票方确认。

（1）登录电子税务局，【我要办税】-【开票业务】-【红字发票开具】。

（2）在页面点击【选择】，将选中的蓝字发票信息自动带入页面。《确认单》提交成功后，选择【红字发票开具】，点击对应的《确认单》，即可开具红字发票。

**2. 受票方已进行用途确认或入账确认的**

受票方为数电发票使用企业，那么受票方或开票方均可在电子税务局数电发票功能模块填开并上传《红字发票信息确认单》，经对方登录电子税务局数电发票功能模块确认后，开票方才可全额或部分开具红字数电发票。

（1）纳税人登录电子税务局，【我要办税】-【开票业务】-【红字发票开具】-【红字发票确认信息处理】。

（2）录入查询条件，点击【查询】按钮。

（3）点击【查看】按钮，进入页面进行信息确认。

（4）点击【确认】按钮，提示确认成功。

**3. 受票方已进行用途确认或入账确认，且受票方仍在继续使用"增值税发票综合服务平台"而非"税务数字账户"的**

由开票方登录电子税务局在数电发票功能模块填开并上传《确认单》，经受票方在增值税发票综合服务平台确认后，开票方登录电子税务局在数电发票功能模块全额或部分开具红字数电发票或红字纸质发票。

（1）在菜单中依次选择【发票管理】-【红字申请确认】，进入红字发票确认界面。

（2）选择【待确认】，根据发票信息输入发票号码和销方识别号，点击【查询】。

（3）向右拖动滑动条，点击【操作】。

（4）弹出窗口，在弹出窗口中查看《红字发票信息确认单》的数据是否正确，向下滑动竖型条，进入界面。

（5）核对无误后点击【同意】按钮。

（6）"确认单"提交成功后，选择【红字发票开具】，点击对应的《确认单》，即可开具红字发票。

## "数电票"知识讲堂

**数电发票什么时候可以部分红冲，什么时候不可以部分红冲？**

对于受票方已经做了用途确认（例如抵扣勾选、退税勾选）的，开票方或受票方都可发起红字信息确认单，并由对方确认后再开具红字发票。

（1）若"开具红字发起原因"选择"开票有误"，则不能对该张发票进行部分冲红。

（2）若"开具红字发起原因"选择"销货退回"，则允许修改数量，如原蓝字没有数量，只允许修改金额。

（3）若"开具红字发起原因"选择"销售折让"，则允许修改金额，其余项目由系统自动计算。

# 七、对蓝字发票进行部分红冲时，
有何具体要求?

　　某公司的职员小李在完成订单并开具数电票给购买方后，购买方发现订购的产品数量超出预算，想退回部分产品，便与小李进行协商。协商后，小李同意了购买方的要求，进行了回退部分订单的操作。这时，小李拿回了相关发票，需要重新开具发票。

　　由于是销货退回，此时小李需要将这单已开具的蓝字发票进行部分红冲。那么，金税四期下，对蓝字发票进行部分红冲时，有什么具体要求呢?

## 对蓝字发票进行部分红冲的要求

　　我们在前一小节阐述了试点纳税人发生开票有误、销货退回、服务中止、销售折让等情形时，可以通过电子发票服务平台开具红字数电票或红字纸质发票。对于需要对蓝字发票进行部分红冲时，同样分下面几种情形。

　　受票方未进行用途确认时，由开票方通过电子发票服务平台发起《红字信息确认单》（以下简称《确认单》）后全额开具红字数电票，无须受票方确认。

　　受票方已进行用途确认时，可由购销双方任意一方在电子发票服务平台（当受票方为非试点纳税人时，在增值税发票综合服务平台发起和确认）发起《确认单》，经对方确认后全额或部分开具红字数电票。受票方已将发票用于增值税申报抵扣的，应当暂依《确认单》所列增值税税额从当期进项税额中转出，待取得开票方开具的红字发票后，与《确认单》一并作为记账凭证。

对红冲原因选择销货退回、服务中止、销售折让，或蓝字发票状态为"已部分红冲"的，允许多次冲红该张发票。具体要求如下。

（1）已进行销货退回、服务中止、销售折让、开具红字发票的部分冲红，允许更换申请方，再次申请红字确认单，但申请原因只能选择销货退回、服务中止、销售折让。

（2）部分冲红允许删除项目项，即仅对部分项目进行红冲；销货退回只允许修改数量，自动计算金额和税额，不能修改单价，不能直接修改金额，如某张蓝字发票只有金额而没有数量，则只允许修改金额，自动计算税额；服务中止允许修改金额和数量，不能修改单价，自动计算税额；销售折让选择需要折让的商品行，录入折让比例或金额，不能修改单价和数量，自动计算税额。

（3）累计开具的红字发票票面记载的数量、负数金额、负数税额绝对值，均不能超过原发票票面记载的数量、金额和税额。

## "数电票"知识讲堂

**税控发票与数电发票并行双轨期间，各票种之间的红冲规则是怎样的？**

税控发票与数电发票并行双轨期间，各票种之间的红冲规则如下所示。

（1）数电发票可以对数电发票、数电纸票（电子税务局开具的数电纸票）、税控发票进行红冲。

（2）数电纸票可以对数电纸票、税控发票进行红冲，不允许对数电发票进行红冲。

（3）税控发票仅允许对税控发票进行红冲，不允许对数电发票、数电纸票进行红冲。

注意：以上红冲规则仅针对增值税专用发票、增值税电子专用发票、数电专票、数电专票（纸质）。数电普票、数电普票（纸质）无法红冲增值税普通发票、增值税电子普通发票、增值税普通发票（卷式）。

# 八、发起红冲时，应如何选择红字发票票种？

一家名为"好又多"的超市在日常经营中开具了一张数电发票，票种为增值税普通发票，金额为 100 元。后来，由于商品退换货等原因，需要将这张数电发票红冲。开票员小李只好按照要求对这张发票进行红冲。

完成红冲操作后，小李突发奇想，有这么多种发票，各类发票之间的红冲规则是怎样的呢？

## 数电票各票种之间的红冲规则

数电票各票种之间的红冲规则为"新冲旧、电冲纸"，表现如下。

（1）数电发票可以对数电发票、数电纸票（电子发票服务平台开具的纸票）、税控发票进行红冲。具体操作方法如下。

①纳税人登录电子发票服务平台，在菜单栏中找到【红冲发票】，点击打开。②进入红冲发票页面后，选择需要红冲的发票类型，如果是数电票，则选择【数电票】；如果是数电纸票，则选择【数电纸票】。③选择需要红冲的发票后，点击【查看发票】。④打开需要冲红的发票后，点击【立即提交】即可。

需要注意的是，在进行红冲时，需要确保冲红的发票信息正确无误，并且冲红的金额和数量等数据也要正确填写，否则可能会导致红冲失败。

（2）数电纸票可以对数电纸票、税控发票进行红冲，不允许对数电发票进行红冲。具体操作方法如下。

①登录电子发票服务平台，在菜单栏中找到【红冲发票】，点击打开。②进入红冲发票页面后，选择需要红冲的发票类型，如果是数电纸票，则选

择【数电纸票】；如果是税控发票，则选择【税控发票】。③选择需要红冲的发票后，点击【查看发票】。④打开需要冲红的发票后，点击【立即提交】即可。

（3）税控发票仅允许对税控发票进行红冲，不允许对数电发票、数电纸票进行红冲。具体操作步骤如下。

①登录税控发票开票软件。②在菜单栏中找到【红冲发票】，点击打开。③进入红冲发票页面后，选择需要红冲的发票类型，如果是税控发票，则选择【税控发票】。④选择需要红冲的发票后，点击【查看发票】。⑤打开需要冲红的发票后，点击红字，输入对应要冲红的蓝字发票的发票代码及发票号码，下一步，系统就会自动显示出先前开具的发票信息。

### "数电票"知识讲堂

**在使用电子发票服务平台进行发票红冲时，需要注意的具体事项是什么？**

红冲操作的具体注意事项包括以下五点。

（1）红冲原因应由纳税人根据业务实际来确定，如原蓝字发票商品服务编码仅为货物或劳务时，红冲原因不允许选择"服务中止"，商品服务编码仅为服务时，红冲原因不允许选择"销货退回"。

（2）红冲操作时应选择红字发票的票种，遵循"新冲旧、电冲纸"的原则，具体如下。

①数电票可以对数电票、数电纸票（电子发票服务平台开具的纸票）、税控发票进行红冲；②数电纸票可以对数电纸票、税控发票进行红冲，不允许对数电票进行红冲；③税控发票仅允许对税控发票进行红冲，不允许对数电票、数电纸票进行红冲。

（3）红冲操作后，需要确认数电票的用途及入账情况，如数电票未确认用途及未入账，开票方发起红冲流程后，对应的数电票将被锁定，不允许受票方再进行发票用途确认操作；如数电票未确认用途已入账，开票方部分开具红字发票后，允许受票方对该数电票未冲红的部分进行抵扣勾选，如开票方全额开具红字发票，则不允许继续抵扣勾选。

（4）红冲操作前，需核对原始发票信息、规范红冲操作流程、了解税务规则变化和系统设置更改等，以确保红冲操作的成功率和准确性。

（5）试点纳税人发起红字发票开具流程后，对方的确认有时限要求：发起冲红流程后，开票方或受票方需在 72 小时内进行确认，未在规定时间内确认的，该流程自动作废，需开具红字发票的，应重新发起流程。

# 九、发起红字发票开具流程，
# 多长时间后可以确认？

小周是一家大型企业的财务人员，不小心错误地开出了一张数电普票。他意识到自己的错误后，立即决定采取补救措施，即发起红字电子发票开具流程来冲销错误的发票。

小周打开电脑，登录到电子发票服务平台。他找到了错误开具的发票，并向受票方提交了红字发票开具申请。

此时，小周突然想起了一件事：他已经提交了申请，但是不确定需要多长时间才能得到确认。

那么，试点纳税人或开票员发起红字发票开具流程后，需要多久的时间可以进行确认呢？

## 发起红字发票开具流程后，购销双方的确认规则

红字信息确认单一经提交，其确认规则分为两种情况，分别是销售方单方启动和购销双方确认后启动。

### 1. 销售方单方启动

当购买方未对收到的发票做勾选确认或者入账，以及撤销勾选确认或者入账的时候，销售方可以直接发起红字信息确认单。这时不需要对方确认。

这种由销售方发起无须确认的红字确认单，如果是在未开具红字发票前提交，允许销方撤回；如果红字确认信息发起方在提交红字确认单后，对方尚未确认前，此时不允许修改，发起方可撤销红字确认单。

### 2. 购销双方确认后启动

除上述销售方单方启动开具红字发票的情形外，其余一律应由购销双方确认后启动红字发票开具流程，即购销双方任意一方发起红字发票开具流程后，经对方确认后由开票方开具红字发票。

需要注意的是，如果对方在发起红字发票开具流程后的 72 小时内未确认的，该流程自动作废，应重新发起流程。此外，发票开具原因可以选择"开票有误""销货退回""服务中止""销售折让"四种，销售方直接发起红冲，只能选择全额红冲。收购发票允许开票方直接开具红字确认单，无须对方确认。

因此，案例中的小周最迟在 72 小时后即可知道确认情况，如果对方未及时确认，此次流程自动作废，小周想要继续开具红字发票，则应重新发起流程。

> ### "数电票"知识讲堂
>
> **红字发票可以在全量发票查询里查询吗?**
>
> 可以。试点纳税人可通过电子发票服务平台税务数字账户的全量发票查询模块，查询到某张发票的入账状态、下载次数、下载格式、打印次数、发票冲红台账、发票退税状态等。

# 十、纳税人通过电子发票服务平台开票时，
# 备注信息如何填写？

兰总经营着一家快消品公司，近期公司全面实行数电票开票。一次，兰总在使用电子发票服务平台开票时，看到备注栏需要填写信息，这让她感到为难，因为她不知道该如何填写。这时，财务走过来告诉兰总，根据不同的开票情况，备注信息的填写规则是不同的。

那么，备注信息如何填写呢？备注信息的填写又有什么规则呢？

## 如何填写备注信息？

纳税人在使用电子发票服务平台开具发票时，还需要填写备注信息。填写备注信息的原因在于，一是方便纳税人记录开票事项和相关重要信息，以便于日后的查询和使用；二是有助于税务部门对纳税人进行监管和审计，确保发票的合法性和真实性；三是符合相关行业和地区的规定，例如在建筑服务开票时，需要在备注栏注明建筑服务发生地县（市、区）名称及项目名称。因此，填写备注信息对于纳税人自身、税务部门和相关行业都有重要意义，有助于保证开票的合法性、真实性和规范性。

传统税控发票时期，备注栏的填写有法定的规则，如果没有按规定填写，开出的发票就有不合规的风险。但是关于备注栏的填写，全国各地政策口径不一，不利于纳税人充分了解政策，也不利于税务机关掌握企业的经济事项。

数电发票时期，备注栏实行标签化管理，特殊行业赋予不同标签的发票样式，如建筑服务、货物运输服务、不动产销售、不动产经营租赁服务行业

等。不同标签的发票又给予了特定的发票要素，也就是不同标签下发票的样式有不同的组合要素，让发票信息匹配特定需求，更多元化。

传统税控发票不同业务类型的备注栏信息、文件依据和数电发票对比如表 6.1 所示。

表 6.1　备注栏信息、文件依据和数电发票对比

| 序号 | 业务类型 | 备注栏信息 | 文件依据 | 数电发票 |
|---|---|---|---|---|
| 1 | 货物运输服务 | 填写起运地、到达地、车种车号以及运输货物信息（如果信息比较多，可以添加运输清单） | 总局公告 2015 年第 99 号 | 货物运输服务电子发票 |
| 2 | 铁路运输企业提供货物运输服务 | 注明受托代征的印花税款信息 | 总局公告 2015 年第 99 号 | — |
| 3 | 建筑服务 | 注明建筑服务发生地县（市、区）名称及项目名称 | 总局公告 2016 年第 23 号 | 建筑服务电子发票 |
| 4 | 销售、出租不动产 | 注明不动产的详细地址 | 总局公告 2016 年第 23 号 | 不动产销售电子发票、不动产经营租赁电子发票 |
| 5 | 差额征税开票 | 自动打印"差额征税"字样 | 总局公告 2016 年第 23 号 | 差额征税电子发票（差额开票） |
| 6 | 销售预付卡 | 销售方与售卡方不是同一个纳税人的，销售方在收到售卡方结算的销售款时，应向售卡方开具增值税普通发票，并在备注栏注明"收到预付卡结算款"，且不得开具增值税专用发票 | 总局公告 2016 年第 53 号 | — |
| 7 | 保险代收车船税发票 | 保险单号、税款所属期（详细至月）、代收车船税金额、滞纳金金额、金额合计等 | 总局公告 2016 年第 51 号 | 代收车船税电子发票 |
| 8 | 互联网物流平台企业代开增值税专用发票试点代开专用发票 | 发票备注栏注明会员的纳税人名称、纳税识别号、起运地、到达地、车种车号以及运输货物信息。如内容较多可另附清单 | 税总函（2019）405 号 | — |
| 9 | 个人保险代理人汇总代开增值税发票 | 注明"个人保险代理人汇总代开" | 公告 2016 年第 45 号 | — |
| 10 | 生产企业委托综服企业代办出口退税 | 注明"代办退税专用" | 总局公告 2017 年第 35 号 | — |

从上述表格我们可以看到，目前数电发票有 6 项特定业务是必须填写备注栏信息的。那么这特定的 6 项业务备注栏怎么填写呢？

发票备注信息项目可以在电子发票服务平台中【开票信息维护】-【附加信息维护】模块添加附加信息项目，维护相应【场景模板】后在开票时选择带入；或开票时直接选择【附加项目】单个添加编辑；也可以直接在备注信息输入框中填写。

### 1. 建筑服务电子发票

建筑服务备注栏必填内容包括【建筑服务发生地】【建筑项目名称】【跨地（市）标志】【土地增值税项目编号】，如图 6.1 所示。

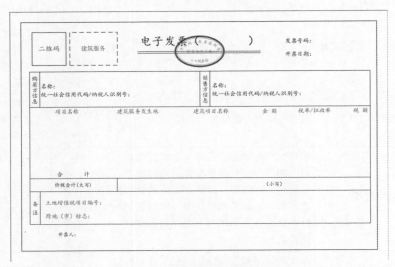

图 6.1　建筑服务电子发票

### 2. 货物运输服务电子发票

货物运输服务备注栏必填内容包括【运输工具种类】【运输工具牌号】【起运地】【到达地】【运输货物名称】，如图 6.2 所示。

### 3. 不动产销售电子发票

不动产销售备注栏必填内容包括【产权证书/不动产权证号】【面积单位】【不动产单元代码/网签合同备案编号】【不动产地址】【跨地（市）标志】【土地增值税项目编号】【核定计税价格】【实际成交含税金额】，如图 6.3 所示。

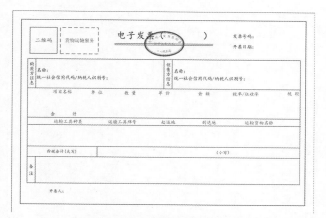

图 6.2　货物运输服务电子发票

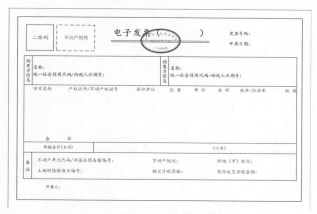

图 6.3　不动产销售电子发票

## 4. 不动产经营租赁电子发票

不动产经营租赁服务备注栏必填内容包括【产权证书/不动产权证号】【面积单位】【不动产地址】【租赁期起止】【跨地（市）标志】，如图 6.4 所示。

## 5. 差额征税电子发票（差额开票）

差额征税电子发票（差额开票）备注栏必填内容包括【扣除额】，如图 6.5 所示。

## 6. 代收车船税电子发票

代收车船税电子发票备注栏必填内容包括【保险单号】【车牌号/船舶登记号】【税款所属期】【车架号】【代收车船税金额】【滞纳金金额】【金额合计】，如图 6.6 所示。

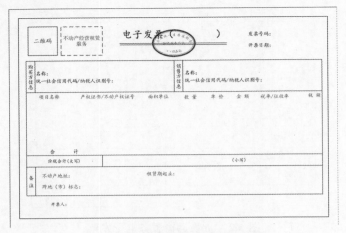

图 6.4　不动产经营租赁电子发票

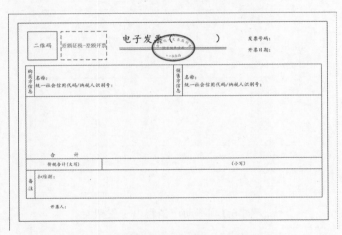

图 6.5　差额征税电子发票（差额开票）

图 6.6　代收车船税电子发票

**"数电票"知识讲堂**

**如果未按规定填写备注栏，纳税人可能会面临哪些风险？**

（1）增值税。根据《中华人民共和国增值税暂行条例》第九条的规定，纳税人购进货物、劳务、服务、无形资产、不动产，取得的增值税扣税凭证不符合法律、行政法规或者国务院税务主管部门有关规定的，其进项税额不得从销项税额中抵扣。

（2）企业所得税。根据《国家税务总局关于发布〈企业所得税税前扣除凭证管理办法〉的公告》（国家税务总局公告 2018 年第 28 号）第十二条的规定，企业取得私自印制、伪造、变造、作废、开票方非法取得、虚开、填写不规范等不符合规定的发票，以及取得不符合国家法律、法规等相关规定的其他外部凭证，不得作为税前扣除凭证。

（3）土地增值税。根据《国家税务总局关于营改增后土地增值税若干征管规定的公告》（国家税务总局公告 2016 年第 70 号）第五条的规定，营改增后，土地增值税纳税人接受建筑安装服务取得的增值税发票，应按照《国家税务总局关于全面推开营业税改征增值税试点有关税收征收管理事项的公告》（国家税务总局公告 2016 年第 23 号）的规定，在发票的备注栏注明建筑服务发生地县（区、市）名称及项目名称，否则不得计入土地增值税扣除项目金额。

# 十一、数电票的备注栏可以备注"购销双方的开户行和银行账号"吗?

小李在一家小型企业担任开票员。有一天，他需要开一张数电票，票面上要求他在备注栏中填写购销双方的开户行和银行账号。小李有些困惑，他不知道是否可以在备注栏中填写购销双方的开户行和银行账号。他担心这可能会暴露公司的财务信息，引起一些不必要的风险。

但是，他又担心如果不按照要求填写，可能会影响企业的收款进程。

那么，数电票的备注栏究竟可不可以备注"购销双方的开户行和银行账号"呢?

## 备注栏可以备注"购销双方的开户行和银行账号"吗?

可以。数电票无联次，基本内容包括：发票号码、开票日期、购买方信息、销售方信息、项目名称、规格型号、单位、数量、单价、金额、税率/征收率、税额、合计、价税合计（大写、小写）、备注、开票人等。如一家公司向另一家公司销售了 100 个产品，总价为 100000 元，双方商定以数电票进行结算。在这种情况下，可以在数电票的备注栏中备注双方的开户行和银行账号，以便后续转账和结算。具体的文本如下：

购买方：A 公司

销售方：B 公司

项目名称：产品

规格型号：×××

单位：个

数量：100

单价：1000 元

金额：100000 元

税率/征收率：×××

税额：×××

合计：100000 元

价税合计（大写）：壹拾万元整

　　　　　　（小写）：100000 元

备注：购销双方开户行和银行账号如下：

购买方开户行：中国银行×××支行

购买方银行账号：333333333333

销售方开户行：中国银行×××支行

销售方银行账号：555555555555

需要注意的是，填写购销双方的开户行和银行账号信息可以帮助双方更清晰地了解交易过程中的资金流向，以及确定付款的具体账户。在某些情况下，这可能对企业的资金管理、财务管理和税务申报等方面都有一定的帮助。

然而，填写购销双方的开户行和银行账号信息也可能会涉及一些风险，例如泄露企业的财务信息或被利用进行欺诈等。因此，在填写这些信息时，需要谨慎处理，并确保信息的安全性和保密性。

总之，备注栏可以填写购销双方的开户行和银行账号信息，但需要注意保护企业的财务信息和风险防范。如果遇到不确定的情况，可以向专业人士咨询，以获得更准确的指导。

## "数电票"知识讲堂

### 开具数电发票对备注栏有什么要求？

数电票的基本内容在现行增值税发票基础上进行了优化，主要包括：发票号码、开票日期、购买方信息、销售方信息、项目名称、规格型号、单位、数量、单价、金额、税率/征收率、税额、合计、价税合计（大写、小写）、备注、开票人等。

　　发票备注信息是指纳税人根据所属行业特点和生产经营需要，自行额外增加的发票信息。发票备注信息项目可以在电子发票服务平台中"信息维护"模块预设的相应"场景模板"添加，或开票时直接选择"附加项目"单个添加编辑，添加相应的"场景模板"；也可以直接在备注信息输入框中填写。

# 十二、开具数电票时填写了备注，但开具成功后下载发现备注栏显示不全，该如何解决？

某公司的会计小郭在处理一笔交易时，发现在备注信息中有一个特殊字符，像是乱码。他们怀疑是这个特殊字符导致数电票系统无法正确解析备注信息。

小郭联系了数电票系统的技术支持人员，并向技术支持人员说明了情况。技术支持人员告诉他们，这是备注信息过长导致的。

小郭在技术支持人员的指导下，完善了备注信息，重新开具了发票，并成功地导出了完整的备注信息。

那么，纳税人在碰到小郭这种数电票备注信息显示不全的情况时，该如何解决呢？

## 数电票备注信息显示不全，怎么办？

电子税务局对数电票的备注区域不支持扩容展示，对于备注区域展示内容有以下 2 个限制。

（1）总内容（包括特定要素的内容，基础信息备注，附加要素信息）超过一定长度（中文算 3 个字符，数字和英文算 1 个，中文越多就越短，整体不超过 630 个字符）会截取并以"…"显示。

（2）附加要素录入单条信息超过一定长度（附加要素单条总字符长度 115 左右）也会截取并以"…"显示。

如果纳税人发现发票备注栏信息出现以"…"显示的情况，可以先核实发票备注是否存在总内容或单条附加要素超过一定长度的情况，如果存在，可以分多条附加要素录入或者作为发票基础备注录入。

除了上述 2 个限制可能会造成备注栏信息出现以"…"显示的情况，还有以下原因也可能导致这种情况发生。

（1）备注信息中有特殊字符，如※、@、#等，可能会导致系统无法正确解析和处理备注信息，从而使其显示不全。

（2）开具的发票类型不支持备注信息，如机动车销售统一发票的备注栏不能填写货物运输服务、建筑服务、销售不动产业务、出租不动产业务、差额征税、销售预付卡、保险代收车船税等信息。

（3）开具的发票与金税盘不匹配。

（4）开具的发票代码有误，如缺位数、字母大小写不匹配等。

（5）网络问题或系统故障，导致备注信息无法正常显示。

如果数电票的备注信息显示不全，可以检查以上几种情况，并进行相应的调整或修复，以恢复正常使用。

### "数电票"知识讲堂

**如果企业没有按标准填写备注栏会存在哪些涉税风险？**

数电发票由不同的要素组合而成，数电发票通过要素化管理，全量采集纳税人交易信息，发票数据颗粒度更细、覆盖面更广、可信度更高、规范性更强。

发票的备注栏是发票重要的要素之一，符合条件但未按规定填写备注栏信息的发票，将不能作为有效税收凭证，存在一定的涉税风险，如增值税不得从销项税额中抵扣、土地增值税不得计入土地增值税扣除项目金额、企业所得税不得作为税前扣除凭证等。

传统的税控发票时期，发票"备注栏"的填写规定全国各地政策口径不一，不利于纳税人充分了解政策，也不利于税务机关掌握企业的经济事项。

以货物运输服务为例，传统增值税专用发票需要在备注栏填写起运地、到达地、运输工具种类、运输货物名称等，该信息扎堆在备注栏显示。备注栏只可人工肉眼识别，机器无法自动读取、自动识别、自动采集，税务部门无法进行有效分析和监管。

# 十三、试点纳税人想要对大量不同购买方开票需求批量开票，如何处理？

王先生经营着一家连锁超市，每天都有大量顾客在不同的门店进行消费。由于公司的业务扩张，王先生决定对所有顾客实施数电发票，以便更好地管理库存和简化开票流程。然而，这个过程的实施却面临一些挑战。

由于顾客数量庞大，且来自不同的门店。每个顾客的开票信息也各不相同，因此公司需要快速批量开票，同时确保所有信息的准确无误。如果手动处理这些发票，将是一项极其烦琐和耗时的工作。

这时，王先生想：如何对不同购买方的开票需求进行批量开票呢？

## 如何实现大批量开票？

当前批量开票的方式多种多样，主要有人工批量开票、数电票第三方集成平台两大类可供纳税人选择。

### 1. 人工批量开票

纳税人登录电子税务局，在【我要办税】-【开票业务】-【蓝字发票开具】-【批量开具】进行批量开票需求，步骤如下。

（1）下载模板。电子发票服务平台提供通用发票要素信息导入模板和特殊标签发票要素信息导入模板；若纳税人根据电子税务局接口规范格式改造自身软件的，可使用其自身软件生成导入模板，该模板可由电子发票服务平台识别、导入。

（2）上传文件。开票方下载后根据模板要求将所需开具的发票信息补充完整，确认无误后，选择需要上传的模板类型（电子发票服务平台通用模板和特殊模板，或纳税人自身软件模板），导入已制作完成的模板。

（3）确认开票。批量导入完成后，系统逐行展示已上传的待开票数据，双击可生成单张发票开具界面。开票方确认后可批量开具所选的发票。

### 2. 数电票第三方集成平台

除了上述两种，纳税人还可以使用数电票第三方集成平台来实现批量开票。数电票第三方集成平台像标普云-数票通等，这些平台可以通过与企业的 ERP 系统、税局电票平台等系统进行无缝链接，实现数据流传，减少手工导入、导出开票信息的操作。如标普云-数票通可以通过连接企业 ERP 系统和税局电票平台，实现自动开具发票、查询发票状态等功能；标普云-数票通可以通过订单数据开具数电发票，并支持查询发票状态等功能。同时，需要注意开票数据的准确性和完整性，避免出现开错或漏开的情况。

 **"数电票"知识讲堂**

**数电票第三方集成平台如何保证开票的安全性？**

数电票第三方集成平台保证开票的安全性主要有以下措施。

（1）数据安全保障：数电票第三方集成平台采用高安全性的数据存储和传输技术，保证开票数据的安全性和保密性。

（2）身份验证和授权管理：数电票第三方集成平台采用多层次的身份验证和授权管理机制，确保只有授权人员可以访问和操作开票相关数据。

（3）防止黑客攻击：数电票第三方集成平台采用先进的安全防御措施，包括防火墙、入侵检测系统等，防范黑客攻击和数据泄露风险。

（4）数据备份和恢复：数电票第三方集成平台采用完善的数据备份和恢复机制，确保开票数据的安全性和可靠性。

（5）审计和监控：数电票第三方集成平台提供审计和监控功能，对开票操作进行全面记录和监控，确保开票过程的合法性和规范性。

# 十四、试点纳税人哪种情况下可以申请开通临时开具原适用税率全面数字化的电子发票权限？

　　财务小王在一次调查中发现数电票不仅可以提高开票和收票的效率，还能降低成本，并且更环保，已经有越来越多的企业开始使用这种新型的发票形式，而他所在的公司还没有开始使用数电票。

　　于是，小王根据调查结果，准备了一份详细的报告，向领导介绍了数电票的优势和应用情况，希望开通临时开具原适用税率全面数字化的电子发票权限。得到批准后，小王和同事们开始了数电票的应用工作。

　　随着时间的推移，公司的数电票应用逐渐得到了推广。越来越多的供应商和客户开始使用数电票，公司的财务处理效率得到了显著提升。在后续的深入应用中，公司不仅降低了财务成本，还提高了企业的运营效率。同时，通过与税务部门的密切合作，公司在税务合规方面也取得了更大的进步。

　　那么，在哪种情况下，纳税人可以申请开通临时开具原适用税率全面数字化的电子发票权限呢？或者说，申请开通临时开具原适用税率全面数字化的电子发票权限，有什么要求呢？

## 临时开具原适用税率全面数字化的电子发票权限的开通情形

　　开通临时开具原适用税率全面数字化的电子发票权限不仅有助于提高企业的财务处理效率，还能带来更多的机遇和挑战。

一般而言，试点纳税人属于以下四种情形，可以向税务机关申请临时开具原适用税率数电票权限。

（1）一般纳税人在税率调整前开具了发票，但由于发票信息有误需要重新开具。如某企业已经按照原适用税率开具了红字发票，现需要重新开具正确的蓝字发票。在这种情况下，该企业可以申请临时开具原适用税率全面数字化的电子发票权限，以便快速、准确地重新开具正确的发票。

（2）一般纳税人在税率调整前发生了增值税应税销售行为，但未开具增值税发票。如某企业已经申报缴纳税款，但现在需要补开原适用税率的增值税发票。在这种情况下，该企业可以申请临时开具原适用税率全面数字化的电子发票权限，以便快速、准确地补开发票。

（3）转登记纳税人在一般纳税人期间开具了适用原税率的发票，但由于发票信息有误需要重新开具。如某纳税人已经按照原适用税率开具了红字发票，现需要重新开具正确的蓝字发票。在这种情况下，该纳税人可以申请临时开具原适用税率全面数字化的电子发票权限，以便快速、准确地重新开具正确的发票。

（4）转登记纳税人在一般纳税人期间发生了增值税应税销售行为，但未开具增值税发票。如某纳税人已经申报缴纳税款，但现在需要补开原适用税率的增值税发票。在这种情况下，该纳税人可以申请临时开具原适用税率全面数字化的电子发票权限，以便快速、准确地补开发票。

### "数电票"知识讲堂

申请开通临时开具原适用税率全面数字化的电子发票权限，纳税人需要具备有什么条件或要求？

一般而言，纳税人需要满足以下要求。

（1）纳税人需要具备开具电子发票的资格或资质，如已获得税务部门的电子发票开具授权或认证等。

（2）纳税人需要具备相应的技术能力，如建立或升级电子发票系统，确保能够与税务部门的电子发票平台进行对接等。

（3）纳税人需要遵守相关税收法规和财务制度，保证电子发票的合法性和合规性。

（4）纳税人需要提交相关的申请材料，如企业营业执照、税务登记证、组织机构代码证等证照信息，以及电子发票系统的技术方案和安全保障措施等。

（5）纳税人需要经过税务部门的审核和评估，以确定是否符合开通临时开具原适用税率全面数字化的电子发票权限的要求。

# 十五、试点纳税人销售商品开具"数电发票"，如果商品种类较多是否需要开具销货清单？

刘先生经营着一家小型超市。在经营过程中，他发现开具数电发票时，如果遇到商品种类较多的情况，会显得非常混乱，他担心如果漏掉了某些商品，可能会给他的税务处理带来麻烦。

于是，刘先生开始思考是否需要开具销货清单。他咨询了一些专业人士，并查阅了相关法规和政策。经过一番了解，他发现目前并没有强制要求开具销货清单，但是建议这样做以方便记录商品流转过程，避免重复列举商品信息。

那么，试点纳税人如果遇到像刘先生这样商品种类较多的开票情况时，是否需要开具销货清单呢？

## 如果商品种类较多，是否需要开具销货清单？

不需要。在过去，原纸质发票票面最多只支持开具 8 行商品明细，如果超过，必须开具销货清单。

现在，数电票是以数字化形态存在的发票，与纸质发票具有同等法律效力，但数电票的载体为电子文件，并无最大开票行数限制，交易项目明细也能够在数电发票中全部展示，因此，数电票无须另外开具销货清单。

但在实际操作中，试点纳税人在开具商品种类较多的数电票时，可以采用"数电票+销货清单"的方式，以清晰地记录商品流转过程，避免重复列举商品信息，减少漏掉商品的可能性，并且方便纳税人在税务处理过程中以报表填报的方式进行开具。如从货物的品种、规格、数量、单价、总金额、货物出发地、收货人等方面进行考虑，以确保所开具的销货清单内容准确无误且符合相关法律法规的要求。此外，在销货清单的开具过程中，还可以根据不同的行业特点选择合适的清单格式，以保证所开具的销货清单符合行业规范，避免出现相关问题。

至于一些特殊情况，如有些商品可能存在退货或换货的情况，此时只需要在销货清单中相应地修改或删除商品信息即可。

 **"数电票"知识讲堂**

使用数电发票后，企业的 UK、金税盘、税控盘还能正常使用及登录查询之前已开发票的明细吗？

可以查询到，电子税务局的数字账户内包含税控发票的数据。

# 十六、移动端、App 可以开具数电票吗？

2023 年 4 月底，我国 8 省①市税局同时发文宣布开展实施数电票开票试点。小 A 所在的公司恰好被纳入开票试点单位。惊喜的是，小 A 发现数电票不再使用税盘开票，而且取消了领票、分发、抄报税、清卡等一系列烦琐的操作了！

没有税盘的束缚，意味着随时随地开票变得更简单了。但是小 A 很快就发现，目前税局网页没有做移动端的适配，使用手机登录网页版开票还是很不方便。

最近小 A 发现，同在数电票试点企业的财务小 B 却没有这样的烦恼。

五一假期小 A 和小 B 一起去旅游，两人刚上高铁，小 B 就接到了客户的电话要开发票。小 A 心想，假期要泡汤咯！

没承想，只见小 B 拿出手机咔咔点了两下，几秒就把发票开出来了，而且还自动交付到了客户的邮箱！

好家伙，他三下五除二的工夫，就相当于小 A 在工位忙碌一整天。

小 A 赶忙凑上去，原来小 B 最近用了一款数电发票服务软件，不用电脑，手机联网就能开票。

由此可见，数电票是可以在移动端开具的。那么试点纳税人应该怎么做才能在移动端开具数电票呢？

## 如何在移动端开具数电票？

当前市面上可以支持在移动端开具数电票的第三方软件和平台多种多

---

① 8 省：2023 年 4 月 27 日起，山西、辽宁、江苏、浙江、江西、海南、甘肃、广西 8 地开始正式试点数电票。

样，如标普云的数电发票服务平台等。试点纳税人可以通过标普云研发的数电发票服务平台来实现在移动端开具数电票的操作。它支持五大场景进行数电票的开具，分别是微信公众号、桌牌扫码（静态码）、生成开票码扫码（动态码）、批量导入开票、ERP 业务系统对接开票。

**1. 微信公众号开票**

微信公众号开票主要是通过接入一些商场、旅游景区、停车场、公共事业单位等的官方公众号，该场景支持在线开具数电发票，开票路径一般是：公众号后台→电子发票专栏查询订单→在线自助开票和取票。

这一方式的开票优势是：

（1）支持消费者随时随地自助开票，无须等待。

（2）已开具的发票还会自动插入微信卡包，让消费数据可追溯，开票记录可溯源。

（3）企业还可借此提升品牌微信公众号粉丝关注量，一举两得。

**2. 桌牌扫码（静态码）开票**

桌牌扫码（静态码）开票适用于餐饮、酒店、停车场等行业，开票路径也很简单：顾客自助扫描二维码→商家审核再开具发票。

使用桌牌扫码（静态码）的开票优势是：

（1）支持消费者提前预约申请开票，不排队直接取票。

（2）企业抬头信息快速搜索、保留记录、自动匹配，方便快捷。

（3）手机短信、邮箱接收发票，发票交付更及时。

**3. 生成开票码扫码（动态码）开票**

一些小型停车场、小型景区、培训机构、展会门票、体检机构适合用生成开票码扫码（动态码）开票，开票路径是：顾客自助扫描小票二维码→在线自助开票。

使用生成开票码扫码（动态码）的开票优势是：

（1）不排长队，发票自动放入微信卡包、支付宝发票管家，消费者体验好。

（2）无须收银系统、无须专职开票人员，节约成本。

（3）支持电脑生成打印、微信小程序生成开票码。

### 4. 批量导入开票

零售业、医药企业、物业公司、培训机构、安保服务等公司适合使用批量导入开票，开票路径是：标准或自定义表格批量导入开票信息→批量开具发票和交付发票。

批量导入的开票优势是：

（1）"5000+"商品数据一键导入、"1000+"发票同时开具，提高人效。

（2）短信、邮件自动批量交付，省心又省力。

（3）当同一订单号≥9行商品明细时，自动识别为清单发票。

（4）适配拆分合并功能，自定义完成各种单据间或单据内的数据处理。

### 5. ERP 业务系统对接开票

开票业务量大，开票实时性要求高的企业，可以使用数电发票服务平台（例如标普云-数票通）无缝接入企业业务系统实现直接采集业务数据批量开票。

这一方式的开票优势是：

（1）无感开票，即将开票数据与业务数据无缝衔接，在业务系统即可开票，数据无误差。

（2）无忧开票，即开票员无须填开发票、无须核对业务数据，降本增效。

（3）极速开票，即系统自动获取业务数据，即时开票，极速高效。

（4）智慧管票，即关联业务单据和发票，让票务管理更智能。

---

### "数电票"知识讲堂

**试点纳税人使用第三方平台开具数电票时，需要注意什么？**

试点纳税人使用第三方平台开具数电票时，需要注意以下事项。

（1）确认该平台正规可靠，可以开具合法的数电票。

（2）按照平台要求填写相关信息，如发票抬头、税号、金额等，确保信息准确无误。

（3）在开具发票前，先点击保存，以防止信息丢失。

（4）确认发票开具成功后，及时下载或打印发票，以免丢失。

（5）如遇到任何问题，可以随时联系该平台的客服进行咨询和解决。

# 第七章

# 发 票 交 付

# 一、数电票交付的方式与具体操作是什么？

小文是某企业财务部的员工，2023年6月她收到一份已经成功开具的数电票，部门主管希望她按照规定完成交付流程，由于对自行交付的方式不太熟悉，她很想了解有什么办法能够顺利完成操作，又需要提前做哪些准备呢？

由于金税四期的新规定，全面数字化的电子发票开具与交付流程已经被简化为一体。我们在前文第六章第一节"蓝字发票开具流程是什么？"已经为大家讲述了纳税人应该如何进行具体的操作。在成功开具发票之后系统会自动完成交付，也可以选择自行交付，包括邮箱交付、二维码交付和下载后交付三种方式。

依次点击【我要办税】-【税务数字账户】-【发票查询统计】-【全量发票查询】，然后选择需要进行交付的数电票数据，并点击右侧操作栏下方的【交付】完成交付。

另外需要再简单梳理两点交付操作的注意事项。

（1）若交付方属于未录入组织机构代码的党政机关及事业性单位，或为未录入身份证件号的自然人，系统是无法实现自动交付的，需要选择自行交付。

（2）如果在选择邮箱交付方式后，发现没有事前维护发件方邮箱信息，需要首先补充发件方的邮件信息，点击【税务数字账户】-【发件邮箱设置】，设置邮箱信息，再进行交付。

### "数电票"知识讲堂

**纳税人如何查询已经开具的数电票？**

纳税人可以通过税务数字账户登录电子发票服务平台中查询。通过【全量发票查询】模块，我们能够查询各个渠道开具和取得的发票数据、海关缴款书数据，并可以详细展示票据数据、票据状态等信息。

操作步骤：登录电子税务局后依次点击【我要办税】-【税务数字账户】-【发票查询统计】-【全量发票查询】。接下来，只要在查询类型里选择"取得发票"，就可以查看自己获取的所有发票。如果有更具体的查询需求，还能在查询类型一栏对"发票来源""发票状态""票种"等条件进行进一步缩小范围的限定，即可查询出所有符合条件的全部发票。找到想查询的那张发票后，点击发票右侧的【详情】按钮，可以查看这张发票的状态详情；点击【预览】按钮，可以查看发票的票面信息。数电票不仅实现了"开具及交付"的一站式流程，还能够自动归集各类发票数据，减少人工收发的同时有效避免了收到假票等情况。

# 二、如何在电子发票服务平台中完成纸质发票号段分配？

小李是一家电子发票第三方服务平台企业的员工。2023 年 4 月，公司发现余留一些尚未分配的空白纸质发票，安排小李在服务平台上将尚未使用的号段分配给相应的开票员，并且希望他在完成操作后培训新员工。于是，小李从整体归纳了操作与注意事项。

本节就针对在电子发票服务平台中完成纸质发票号段分配的功能与操作进行解读与引导，让大家有更加全面的认识。

首先此项操作的前置条件在于存在未分配的空白纸质发票，而纸质发票号段分配的功能就可以用于纳税人授权的领票员将领用到的纸质发票分配给开票员。发票分配成功后，纳税人、领票员可以查看到纸质发票号段的分配情况，开票员也可以查询到所分配到的纸质发票号段信息。

## 纸质发票号段分配具体操作

（1）在电子发票服务平台上以领票员身份登录账号后，在功能菜单依次选择【我要办税】-【开票业务】-【纸质发票业务】。点击界面右上角的开关按钮，点击之后右侧下方会显示出【纸质发票号段分配】模块。

（2）点击进入【纸质发票号段分配】，界面会显示"发票分配""分配记录""退回审核""审核记录"。

（3）选择【发票分配】功能。领票员可以根据查询条件筛选分配号段，在查询结果中，点击【分配】或者勾选要分配的号段点击【批量分配】，选择开票员，输入分配数，点击【确定】，即可分配给相应的开票员。在领票员分配条件中可以查询和操作的情况如下：①在领票员输入分配数量之后，系统会根据开票员、发票种类、发票代码（非必须）的条件自动生成号段分配的建议（优先取发票代码最小值、发票号码最小值），可以给领票员提供更加便捷的支持，以快速完成纸质发票号段分配；②系统同时也支持领票员手动选择可以分配的号段进行分配；③领票员可以通过选择发票种类、发票代码，查询尚未分配也就是能够分配的纸质发票号段信息；④领票员可以通过选择开票员，查询当前开票员已分配但尚未使用的发票号段信息。

（4）领票员可以在【分配记录】页面查看已分配的号段信息，开票员可以进入【发票退回】功能页面，查询所分配到的纸质发票号段信息。

## "数电票" 知识讲堂

**如果领票员已经完成号段分配但是实际出现了需要退回的情况，应该怎么操作呢？**

如果计划重新分配纸质发票号段，就需要先将对应号段从开票员纸质发票号段库退回至纳税人纸质发票号段库，再进行分配。退回分配号段的操作步骤如下。

开票员可以在【发票退回】功能页面点击【批量退回】按钮，申请纸质发票退回，申请提交成功后，需要领票员进行审核确认。开票员通过【退回记录】功能页面查看退回发票的审核状态，领票员需要在【退回审核】功能操作页面对退回纸质发票的申请进行审核和确认，审核完成后可以在【审核记录】功能页面查看操作过的审核记录。

如果纸质发票已经被分配，则需要退回至纳税人纸质发票号段库后才能进行缴销、退回或空白发票作废业务。

# 三、卖方不履行开具和
# 交付发票义务应如何处理？

小蔚是一家企业采购部的业务员，在 6 月为公司采购了一笔办公物资，但是直到 8 月都没有收到办公用品销售公司的数电票。她希望通过公司提起申辩，确保销售公司按规定履行开具发票和交付发票的义务，能够不耽误后续财务梳理流程。她应该依据什么来判断销售公司的行为，如何提出抗辩呢？

## 卖方开具和交付发票

### 1. 开具发票行为

货物买卖合同是一种非常典型的双务有偿合同[①]。依据《合同法》能够了解到买方的给付义务是支付价款，卖方的给付义务又可以划分为主给付义务和从给付义务。主给付义务就是交付合同标的物并转移标的物所有权给买方；而从给付义务是交付与标的物所有权有关的单证和资料。在卖方履行主给付义务之外，买方可以独立诉请从给付义务来满足给付上利益的义务。

在小蔚公司的这笔货物买卖合同中，办公用品销售公司提供开具发票是一种基于法规直接规定的从给付义务。

### 2. 交付发票行为

交付发票行为，说的是在完成发票的开具义务后，把发票交给买方的行为。在没有明文法律规定履行时限和双方约定的情形下，买卖双方依据交易

---

① 有偿合同：给付存在对价关系。双务合同：义务存在对价关系。由于合同的义务是为特定之给付，因此任何一种双务合同都是有偿合同。

习惯并辅之以利益衡量来综合确定交付方法。买方提出的未开具发票的情况实际上很多都可能只是没有交付给买方发票，由此结合前文可以了解到开具发票和交付发票是密不可分又相对独立的一个从给付义务的两个部分。

现在就能够通过定义将两者进行甄别，明确了办公用品销售公司的从给付义务，就能够帮助小蔚的公司更明确有偿合同中双方责任的划分，解决可能会涉及法律纠纷的问题。

## 履行义务的实践误区

货物买卖合同中，卖方履行了主给付义务后，开具和交付发票的从给付义务履行的原则是：发票应在法定时限内开具、在买方履行给付价款的同时交付。前者根据税法强制性规定，后者则是基于交易习惯和对于买卖双方利益的衡量。小蔚的公司不能因销售公司仅履行了主给付义务，却没有及时履行开具和交付发票这一从给付义务而行使同时履行抗辩权或先履行抗辩权。

事实上，《合同法》虽然没有明确规定卖方从给付义务的履行时限，但是可以通过从给付义务产生的依据对应明确的规定，来确定一个相应的时间。就像《增值税专用发票使用规定（试行）》第六条针对不同情形规定了专用发票的开具时间限制，还规定了不能提前或推后开具：

（1）采用预收货款、托收承付、委托银行收款结算方式的，开具时限定为货物发出的当天；

（2）采用交款提货结算方式的，开具时限定为收到货物的当天；

（3）采用赊销、分期付款结算方式的，开具时限定为合同约定的收款日期当天；

（4）将货物交付他人代销，开具时限定为收到受托人送交的代销清单当天……

一般情况下，大家购入货物都会先付款价，销售公司后交付或者同时交付相应发票。而从利益衡量角度看，也应该是如此约定：当卖方将标的物交付买方后，不论是否收到货款都应在法定时限内开具发票，履行纳税人的纳税义务（采用交款提货结算方式的除外）。如果买方属于工业或者企业，是可以在接受了专用发票而没有支付全款的时候，凭借发票直接抵扣当期的应纳税款的，这样一来，实际上双方的利益与风险并不是一种平衡的状态，尤其会影响生意和气，更有甚者可能因此反目成仇。

# 买方提出抗辩的各种情况处理

买方能否以卖方仅履行了主给付义务但是没有履行从给付义务为抗辩理由拒绝付价款，结合小蔚公司遇到的情况，可以分析实际上这就是如何认定货物买卖合同中，销售公司没有履行从给付义务的法律后果。

**1. 买方提出抗辩时，卖方已履行主给付义务、已开具发票**

如果卖方依约履行了主给付义务，也在法定时限内开具了发票，买方领受了标的物却以卖方未交付发票而行使同时履行抗辩权或先履行抗辩权，实际上应该认定买方的抗辩理由不成立，依法判令买方给付价款并承担相应的违约责任。

**2. 买方提出抗辩时，卖方已履行主给付义务、未开具发票**

如果卖方依约履行了主给付义务却未开具发票，买方领受了标的物却以卖方未开具和交付发票而行使同时履行抗辩权或先履行抗辩权，实际上也应该认定买方的抗辩理由不成立。

不过除去依法判令购买方给付价款并承担相应的违约责任外，还应判令销售公司开具发票，必要时也可以另外提出司法建议，请由税务机关对其未在法定时限内开具发票的行为进行处罚。

**3. 买方在提出抗辩时，未交付卖方全额款项**

如果销售公司依约履行了主给付义务，买方收到了所购买的商品，买方仅支付了部分款项，却以没有开具和交付发票为抗辩理由拒付剩余价款，形成了买卖双方的讼争。这种纠纷实际比较复杂，常见的没有交付全款的例子有两种，一是赊销结算，二是通过约定分期付款结算，而这两种情况下的纠纷我们应该采取不同的处理思路（发票设定为增值税发票）。

（1）以赊销为结算方式的。例如，买方在合同约定的付款日仅支付部分价款，却以卖方未开具和交付标的物全额或者是已付价款部分的发票为由，行使同时履行抗辩权或先履行抗辩权的情况。

首先，销售公司依照《增值税专用发票使用规定（试行）》，应该在"合同约定的收款日期当天"开具专用发票。也就是说，虽然在合同约定的收款日期销售公司仅收到部分价款，也应该在约定收款日期当天开具标的物全部价款的专用发票，而不是仅开具已收价款的专用发票。卖方不能因为仅收到部分价款而不开具全部价款的专用发票。否则，应判令由卖方开具全额专用发票，并可提出司法建议，由税务机关对其作出相应处罚。

（2）以分期付款方式为结算方式的。如买方在合同约定的分期付款日已给付了约定的该批价款，却以卖方未开具和交付全额发票或已付该批价款的发票为由，行使同时履行抗辩权或先履行抗辩权的情况。

依《增值税专用发票使用规定（试行）》第六条，销售公司应该在"合同约定的收款日期当天"开具专用发票，不能自行提前或滞后开具。结合实际情况就是，应该按照买卖合同约定的各批收款日期分别开具专用发票，而不是就全额一次性开具专用发票，而且不论是否从买方收到本批次的款项，销售公司都必须在当天开具对应发票。如不履行这一从给付义务，买方是可以诉请卖方强制执行的。

基于上述分析，卖方在合同约定的下一批收款日期之前，没有就下一批价款开具和交付发票的义务，更无就标的物全额价款开具和交付发票的义务。买方在此情形下也就不能行使同时履行抗辩权或先履行抗辩权，不能以此拒付下欠的后续各批价款。

小蔚的公司按照前文细致的分析终于明确了对方的责任与未尽义务，而通过后续的协商，了解到实际上专用发票已经开具成功，最后不仅取得了发票，彼此还建立了更加信任的合作关系。

## ■ "数电票"知识讲堂

**在合同中有哪些针对买方需要注意的要求限制呢？**

（1）买方不能因为合同约定了卖方先履行主给付义务就要求卖方也先履行从给付义务，不能主张在卖方义务全部履行之后才最终交付款价，这是条件不对等的要求。

（2）买卖两方没有先后债务履行顺序的情况下，双务合同的当事人虽然有权利因为对方的义务履行不适当而拒绝履行自己的权利，但是卖方已经履行主给付义务，买方所负给付价款的债务与从给付义务并不是对价关系，因此这时候买方并不能行使同时履行抗辩权。

# 第八章

# 发票查询与查验

# 一、电子发票服务平台税务数字账户的发票查询模块都有哪些功能，可查询哪些发票？

　　小锦刚入职一家第三方服务平台公司，还在了解金税四期的相关知识。他翻阅到在电子发票服务平台可以进行发票查询，但是因为还没有接触具体数字账户也不了解有哪些发票具体类型，想在有限的权限中分类梳理清楚可查询的情况，以方便后续通过分类查询。

　　接下来就按照电子发票服务平台中显示的发票查询模块分别认识一下发票查询功能吧。

## 发票查询模块的功能分类

　　通过电子发票服务平台进入税务数字账户的发票查询，在页面上可以明确看到，有 8 项功能，分别是：全量发票查询、发票领用及开票数据查询、进项税额转出情况查询、未到勾选日期发票查询、出口转内销发票查询、汇总纳税总机构汇总分支机构开票数据、批量导入导出进度查询、历史抵扣统计确认信息查询。按照实际的查询需求就能够选择相应的查询项进行查询。

## 各类发票查询的方法

　　针对不同的实际发票查询需求结合现实情况进行操作，在电子发票服务平台点击【我要办税】-【税务数字账户】，点击【发票查询统计】按钮，按照实际的查询目标选择对应按钮，查询相应种类的发票。

（1）点击【全量发票查询】选择【查询】，根据需要输入或者选择相关查询条件，例如开票开始和截止日期等，然后点击【查询】按钮，查询出全部符合对应条件的发票。通过这个功能用户可以对自己所有开具和取得的发票信息进行查询。

（2）点击【发票领用及开票数据查询】，根据需要输入或者选择对应发票来源、票种和发票所属期的信息，然后点击【查询】按钮，查询出对应具体的发票领用明细。

（3）点击【未到勾选日期发票查询】，输入或者选择需要查询到的发票来源、票种和开票起止日期条件，然后点击【查询】按钮，查询出未到勾选期的各类可抵扣勾选发票或者是海关缴款书信息。

另外，还可以在结果列表点击【查看详情】下载查看单张发票的明细，如果需要将发票打印出来，就在详情页点击【打印】按钮，不过移动端平台不支持打印功能。

（4）点击【出口转内销发票查询】，输入相应查询条件如发票代码、发票号码或者开票日期，随即就能查询出口转内销发票和海关缴款书明细。

（5）点击【进项税额转出情况查询】，可以根据实际需要，选择所查发票对应的税款所属期，点击【查询】，系统就会按照查询条件显示出符合条件的各类发票和海关缴款书信息。

（6）点击【汇总纳税总机构汇总分支机构开票数据】进入页面，总机构在首次登录系统时还可以选择"是否由总机构汇总开票数据"。当用户选择【是】，并且录入汇总开票数据所属期，系统会显示发票汇总确认结构，查询出对应的全部发票；而当用户选择【否】，则系统认定将不会提供总分支机构开具发票汇总功能。

（7）点击【批量导入导出进度查询】进入页面，可以选择批量发票对应的税任务状态、提交的起止时间或者批量任务所属功能条件，点击【查询】就可以查询在此条件之下的批量导入导出进度情况。如果想要了解导入数据失败的情况，还可以点击查询结果操作列的【下载失败明细】，下载导入对应查询功能之下的失败详细情况。

（8）点击【历史抵扣统计确认信息查询】，可以按照查询条件选择录入税款的所属期开始和截止时间，点击【查询】，会显示出在符合此时间条件的所有进行过统计的历史抵扣统计确认信息。

另外，系统规定了历史统计的信息最高查询时间的跨度为 12 个月，这也意味着跨度更大的统计信息无法被查询到，可能需要手动分批查询得到结果。当只选择一个期限导出查询结果时，系统会提供 Excel 表格形式的文件下载供用户查看；而当一次勾选多个税款所属期，那么系统会将每个税款所属期的信息生成一个表格，后台自动将多个表格文件打包成压缩包形式的文件下载以供查验。

 **"数电票"知识讲堂**

**系统中关于查询功能批量操作的数量和次数上限有没有规定呢？**

尽管系统会给用户提供批量操作的快捷方式，但是这些操作并不是无限制的批量，为了维护电子平台的常规运行，可以了解到系统对处理状态做出了分级的限制，具体如下。

（1）会涉及大批量导入的模块有：发票清单导入勾选操作、海关缴款书清单导入勾选操作及代扣代缴完税凭证清单导入勾选操作。

（2）处理状态为：待处理的记录是可以删除的，每天最多能下载处理失败的明细文件 5 次，并且针对查询期间也做出了规定，仅能查询到 7 天内上传的记录。

（3）在【批量导入导出进度查询】功能中，明细 3000 条及以下的清单继续采用实时导入的方式；而明细大于 3000 小于或等于 50000 条的清单，系统会自动转入异步处理，处理结果可以在功能中查看；而大于 50000 条的清单明细，系统将不允许导入。

（4）在【历史抵扣统计确认信息查询】功能中，出现数据量总量超过 3 万条的情况，系统也会自动转入异步处理，处理结果可以在【批量导入导出进度查询】中查看；而当数据量总量超过 30 万条的时候，系统将进行阻断。

# 二、发票领用及开票数据查询可以查询什么内容？

小信是一家科技公司的财务部员工，他在整理现存发票的时候发现有零星发票处于空白废票或者负数发票的情况，他很疑惑这样的情况有没有进行归档或者整合，是否可以通过电子发票服务平台进行汇总记录，这样就可以宏观掌握零散发票的特殊情况了。组长得知后也希望他能够更加细节地掌握关于发票领用和数据查询的更多可能性，以便进行后续工作。

让我们和小信一起了解一下电子发票服务平台上的【发票领用及开票数据查询】功能都可以支持什么类型的查询吧。

## 可查询的发票种类

登录税务数字账户可以看到页面显示【发票领用及开票数据查询】功能下，可以用于查询的发票内容有：发票领用存状态、发票期初库存份数、购进发票份数、退回发票份数情况、正数发票份数、正数废票份数、空白废票份数、负数发票份数、负数废票份数以及期末库存份数，其中领用、库存份数主要涉及的是关于纸质发票内容。

其中我们还了解到查询结果的具体信息区分，例如如下 4 点。

（1）电子发票只需统计"正数发票份数"和"负数发票份数"，而纸质发票需要统计全部数据。

（2）在统计电子发票时可以根据自己的统一社会信用代码和查询条件中的发票所属期的关联发票信息进行统计；而在统计纸质发票时可根据自己的

统一社会信用代码和查询条件中的发票所属期关联的纸质发票业务产生的领用记录进行统计。

（3）当需要查询多个月份的发票数量时，在"发票期初库存份数"界面会显示起始月份数量，而在"发票期末库存份数"会显示结束月份数量。

（4）最后在查询结果的界面点击【导出】，就能够将查询到的全量结果文件下载下来，平台可以提供 txt 和 Excel 格式文件以便我们后续的工作任务。

### "数电票"知识讲堂

【进项税额转出情况查询】功能中具体指的是哪类需要进项税额转出的发票呢，包不包括海关缴款书？我们在这个功能中可以查询到哪些数据呢？

需要进项税额转出的发票实际上包括被列为异常凭证的已经认证抵扣的发票，还有开具红字发票确认单上的红字发票，但是并不包括海关缴款书信息。

我们通过电子发票服务平台在【进项税额转出情况查询】模块查询出本单位的进项税额转出数据，具体包括有：当前所属期以及往期所属期转出的异常凭证统计表、转出异常凭证的具体明细、当前所属期以及往期所属期红字发票信息确认单需购货方转出的信息。

# 三、通过什么渠道可以进行
# 数电票信息的查验?

毕业生小吴经过努力，终于进了一家财务公司上班。上班没几天，领导交给他一沓数电票文件，让他查验这些发票的信息，并说下班前要看到结果。

这时，小吴却犯起了愁。原来前几天公司刚好安排一个项目，小吴被临时安排去帮忙，所以这几天都在熟悉那个项目的事情，还没来得及熟悉发票查验的工作内容，要及时完成任务，似乎有些困难。

那么，小吴应该如何快速做好数电票的信息查验工作，并完成交付呢?可以先从了解发票信息的查验渠道开始。

## 发票信息的查验渠道

对于想查验发票信息的单位和个人，可以通过国家税务总局全国增值税发票查验平台、财政部全国财政电子票据查验平台、电子发票服务平台、手机 App 或微信小程序等平台进行发票的查验。具体操作如下所示。

### 1. 国家税务总局全国增值税发票查验平台

目前，该查验平台支持增值税专用发票、增值税电子专用发票、电子发票（增值税专用发票）、电子发票（普通发票）、增值税普通发票（折叠票）、增值税普通发票（卷票）、增值税电子普通发票（含收费公路通行费增值税电子普通发票）、机动车销售统一发票、二手车销售统一发票在线查验。

单位和个人可以借助查验平台进行两种方式查验发票信息，一是单张发票查验（手工单张录入，单张文件导入），二是批量发票查验（下载模板录入信息导入查验）。

国家税务总局全国增值税发票查验平台的查验步骤如下。

（1）登录国家税务总局全国增值税发票查验平台。

（2）输入需要查询的增值税电子普通发票的相关信息，确认输入的信息无误后，点击"查验"按钮。

（3）系统自动弹出查验结果。

（4）查询到该张发票的票面信息，并核对发票查验明细中的票面信息是否与接收到的发票票面信息一致。

（5）若一致，则真实有效；若不一致，则需要与开票方联系。

**2. 财政部全国财政电子票据查验平台**

财政部全国财政电子票据查验平台的查验步骤如下。

（1）打开财政部全国财政电子票据查验平台网站并登录。

（2）输入发票上的电子票据代码、电子票据号码、校验码、票据金额和开票日期。

（3）点击"查验"按钮，即可得到真伪结果。

**3. 电子发票服务平台**

电子发票服务平台的查验步骤如下。

（1）打开国家税务总局官网并登录，依次点击【我要办税】-【税务数字账户】。

（2）点击【发票查验】进入发票查验界面。

（3）对于单张发票查验，在发票查验页面，点击【单张查验】-【手工查验】，手工输入待查验发票信息后，点击【查验】按钮，即可得出查验结果；此外，还可以选择【上传查验】，上传发票文件后，点击【查验】，即可快速得出查验结果。

（4）对于有多张或者批量查验发票的需求，可以选择批量查验方式，平台支持一次性最多查验 500 条。

在发票查验页面，点击【批量查验】，选择发票来源后，下载对应的发票查验模板。将待查验的发票信息填写至模板后上传，点击【查验】即可得到多张发票的查验结果。

对于想查验数电发票信息的试点纳税人，可以通过电子发票服务平台对收到的数电票进行查验。

注意，批量查验需要在模板中填写完整的发票信息，否则无法对发票中的交易信息（时间、数量、单价等）进行核验。

### 4. 手机 App 或微信小程序

手机 App 或微信小程序的查验步骤如下。

（1）打开支付宝或微信小程序搜索"票大侠"。

（2）扫一扫发票二维码（或手动输入发票信息查询）。

（3）具备自动去重和出电子台账的功能，数据可导出保存。

**"数电票"知识讲堂**

在网页上开票时，提示需在税务 App 上扫码进行人脸认证，但是一直提示"认证失败，原因为：人脸核验失败"，该怎么办？

这种情况一般是当前人像信息和后台记录信息比对不通过导致的，可以先检查使用的税务 App 是否为最新版。排查版本问题后，如果还是无法解决，建议自然人首次报错后去办税服务厅实名办税系统重新采集更新，完成后第二天进行重试。若仍然不过，请联系税务机关并提供企业信息、自然人证件姓名信息和清晰的人像头部照片等。

# 四、发票单张查验与批量查验的步骤是什么?

小秀是一家小商品外贸公司的业务部员工,目前由于自己部门对接的国家交接有时差,他需要晚上加班查验当月取得的发票,他不知道电子服务平台是否会出现半夜运行不畅的问题,也不知道如何快速完成任务、减少与客户的沟通成本。那么,他具体可以如何操作呢?

在金税四期发布后,税务机关通过电子发票服务平台为我们提供了更加便利的线上服务,而针对案例中小秀遇到的问题,实际上税务机关通过周详考虑后也都是有解决方法的,让我们一起去了解一下。

电子发票服务平台为纳税人提供 7×24 小时在线的发票查验服务,不仅支持包括网页端,在客户端、移动端和数据接口服务渠道也都可以全天候进行业务操作。因此就算是有时差问题而需要昼夜颠倒,也不会影响发票查验的功能。

## 1. 单张查验的方法

从电子税务局登录税务数字账户,在功能菜单依次选择【税务数字账户】-【发票查验】进入统一页面,录入具体符合实际情况的查询条件,之后点击【查询】按钮,就可以直接在查询结果区中看到对应的发票信息了。

## 2. 批量查验的方法

从电子税务局登录税务数字账户,在功能菜单依次选择【税务数字账户】-【发票查验】进入统一页面。通过下载系统给我们提供的模板,在模板中按照要求填写具体查验的数据,再将文件导入平台系统之中,之后点击【查验】按钮,就能够在查询结果区中显示对应的批量发票信息了。

**"数电票"知识讲堂**

在电子发票服务平台税务数字账户上发票单张查验和批量查验的结果有什么不同？

发票单张查验我们可以直接看到整张发票，单张的查询结果实际上就是对单张发票的票面信息进行可视化的展示；而批量查验的结果则只能显示查验的发票相符或者不相符，不能看到每张发票具体的票面信息。

# 第九章

# 发票入账

# 一、使用数电票如何入账？

某公司紧跟税务改革的步伐，开始实行发票改革。该公司要求财务部对数电票进行统一的入账管理，并将任务安排给了财务小李。小李在使用电子发票服务平台入账之后，发现现在发票入账管理真的太轻松了，完全规避了以往那种重复入账的情况，入错账的情况也大大减少了，极大地提升了工作效率。

那么，数电票是如何入账的呢？我们在本节中详细讨论。

## 如何进行数电票入账？

发票入账是指纳税人在取得发票后，电子发票服务平台系统对纳税人取得的全部发票（含海关缴款书）及代扣代缴完税凭证数据进行归集，纳税人在电子发票服务平台系统进行发票入账操作，防范电子发票重复入账归档的风险。

纳税人可以通过登录所处的省（区、市）税务局官网，进入【我要办税】-【税务数字账户】-【发票入账标识】进入【发票入账标识】页面，选择【发票】、【海关缴款书】或【代扣代缴完税凭证】页面，输入查询信息，点击【查询】，在查询结果区中显示对应的发票信息"入账状态"栏中选择入账用途，填写完毕后，勾选需要入账的发票，点击【提交入账】按钮，显示确认提交入账并提示票数和税额合计，确认无误后点击【确认提交】按钮，系统提示"该发票已入账成功"。

此外，还可以选择【清单导入】的方式进行入账操作。点击【清单导入】，弹出"清单导入"界面，点击《批量发票入账导入模板》下载导入模板，按照模板要求填写信息后，点击【选择文件】按钮，选择要导入的文件，点击【打开】，导入成功后，系统会读取数据，并展示数据读取情况。如果文件信息导入失败，点击"下载疑似异常与入账失败明细"，可将失败原因以 Excel 格式导出至本地查看。

### "数电票"知识讲堂

**数电发票未入账，会影响纳税人报税吗？**

数电发票未入账，并不会直接影响纳税人报税。这是因为数电发票本身具有电子化的特点，可以重复打印，即使不慎丢失或未入账，也可以通过电子发票系统重新下载或打印，不会影响报税的流程和结果。

但是，需要注意的是，在报税前，纳税人需要确认数电发票的合法性和真实性，避免使用虚假的电子发票，以免造成财务损失或法律责任。此外，纳税人还需要按照税务法规的要求，及时将相关发票信息进行报税处理，确保报税的准确性和及时性。

总之，数电发票未入账本身不会影响纳税人报税，但需要注意合法性和真实性问题，以及按照税务法规的要求进行报税处理。

# 二、什么是发票入账标识?

小丁是一家科技公司的财务部员工,最近公司发现之前的入账操作很容易因为人工失误造成重复报销或者核算错误的情况,甚至通过绩效监督员工工作的失误也无济于事,因此想按照国家新规对公司取得的 2017 年之后开具的发票进行入账标识操作,方便会计核算管理。他刚开始熟悉这一套新标,很想知道这项新操作有哪些更方便的地方,具体的操作步骤是什么?

电子发票服务平台【发票入账标识】模块可以对企业取得的 2017 年 1 月 1 日之后开具的发票进行入账标识操作,帮助公司降低重复入账的风险,便利会计核算管理。税务数字账户目前支持单张、批量、清单入账等多种入账方式,以后还会在电子平台的基础上增加接口方式和数据直连的方式,以方便财务系统对接入账的操作。

## 发票入账标识的作用?

发票入账标识作为全面数字化电子发票时代的新物种,为很多曾经频发的问题都提供了极大的便利。

(1)避免了电子发票重复报销。电子发票的特点是发票电子化,可以多次下载打印,但很多问题也出现在多次打印上。而增加发票入账标识的功能就能很好地化解这个弊端。例如,在及时对员工每次报销的发票进行发票入账标识的操作之后,再次出现重复报销时,系统就会提示发票已入账,便能马上发现、防堵漏洞。

(2)防止在不知情的情况下被开票方恶意作废或红冲。增值税专用发票能够通过勾选认证锁定发票的有效性，但增值税普通发票很难保证。比如，受票方取得增值税普通发票，如果没有发票入账标识功能，获取发票时，检查发票一切正常并进行了会计记账，过段时间，开票销售方偷偷地做了发票红冲的动作，神不知鬼不觉地完成了"票"底抽薪，而受票方大概率会对一切操作浑然不知。因此，这个时候发票入账标识的同步上线就显得尤为重要。

具体说来，如果在取得发票后没有第一时间进行入账标识，后续必然会通过入账标识的方法自行判断发票的有效性，如果此时系统无法进行入账标识，受票方就可以及时向开票方查问原因，甚至要求重开发票；如果受票方取得发票，同时完成入账标识，那么发票的有效性就得以锁定，开票方便无法随意进行发票作废或红冲动作了。

（3）方便会计核算管理。发票入账标识功能使得企业完善了获取成本费用发票数据管理的问题。加上电子税务局开票系统和进项勾选认证系统，基本上对进销全业务流的发票数据有了完整的采集过程，极大地方便了会计核算过程中对入账发票数据的完整、及时和准确录入。同时，能够随时进行会计账和税务系统数据对账操作，实现数字化电子发票时代新模式下的"账证（票）比对"。

（4）便于税务系统的监管。企业全流程的发票数据统一进入了税务电子系统，直接大幅度地降低了征管成本、提高了征管效率。

## 哪些发票可以使用发票入账标识服务进行标识？

我们在开具发票的时候应该按照规定的时限、顺序、栏目，全部联次一次性如实开具，并加盖发票专用章。不符合规定的发票，不得作为财务报销凭证。在 2017 年 1 月 1 日之后开具的符合规定的发票，且不属于以下情形的，就可以使用【发票入账标识】功能进行标识。

（1）异常增值税扣税凭证。

（2）已作废的发票。

（3）之前已经入账的发票。

（4）其他。

# 如何查询电子发票服务平台已入账的发票？

（1）登录企业所处的省（区、市）税务局官网，进入【我要办税】-【税务数字账户】-【发票入账标识】，选择"发票"页签，入账状态选择"已入账"。

（2）输入查询信息，选好所需的查询条件，例如起止时间，最后点击【查询】按钮进行查询，在查询结果区中将显示对应的发票信息。

## "数电票"知识讲堂

小丁这天又收到了一张数字化电子发票，由于先前学习了入账标识的相关作用，所以想在发票入账前确认发票是否已被红冲，这时候应该如何查询呢？

发票入账标识服务的优点之一就是在企业进行入账之前可以查验入账状态，系统会自动同步入账状态的字样，如果发票已经被红冲了，那么就无法勾选入账操作。如果企业收到的发票已经进行过勾选入账，后来又被销售方红冲，系统也会将已勾选入账的信息置灰，显示发票是已被冲红的状态。

不仅如此，针对数电票的最新设置，如果购买方已经进行了入账处理，销售方若想再开红字发票是需要提交后征得购买方确认的，这也就有效防止了恶意红冲的情况出现。最后，小丁按照系统的要求对新发票进行了入账，并且没有发现红冲异常，通过这些经验也让他对于电子税务局的便利性有了更深的认识。

# 三、"清单导入"进行入账操作具体怎么做？

小柠是某家公司的财务人员，公司出于人员变动和信息安全的考虑，打算梳理目前不确定是否入账的所有企业发票信息，她根据估算感觉这项工作量可能会非常庞大，不过听说电子发票服务平台可以进行批量操作，她很想运用这种方式提高工作效率，应该怎么操作呢？

## 入账批量导入的具体操作

纳税人可以在电子发票服务平台系统进行批量发票入账操作，以替代大量单张发票操作入账费时费力的问题，接下来就为大家演示批量发票入账的具体操作流程。

首先，登录企业所在地的电子税务局，从功能菜单中点击【我要办税】-【税务数字账户】，进入税务数字账户；点击【发票入账标识】，进入"发票入账标识"页面；选择【清单导入】方式进行入账操作。

其次，点击【下载模板】按钮，将模板下载到本地，将多项发票信息填入模板，保存好整理后的文件。

最后，点击【清单导入】按钮，选择要导入的文件进行导入。如果显示文件导入失败，我们可以在页面下方下载失败原因，对文件中所填写的信息做相应修改，修改好后保存文件重新进行【清单导入】的操作；如果显示文件导入成功，则会在页面中提示"文件导入成功"处理记录×条，成功×条，失败×条。

这样一来，小柠就可以根据提示成功和失败的处理结果判断出哪些是之前未入账的发票信息，同时完成入账操作。

## "数电票"知识讲堂

我们发现新的票面出现了"下载次数"和"在线打印次数"，这个次数显示有什么影响呢？

税务机关对整个数电票的票面进行了设计优化，前文已经为大家做出了很细致的解答，而为了更好地避免发票纸质打印件的重复打印入账问题，我们可以再注意一下新的票面上一些不容易被发现的小细节。

（1）仔细观察可以看到，在发票票面左上角的二维码中间有一个浅黄色"税"字，如果对打印出的纸质发票进行二次复印的话，复印件上就不会出现"税"字。

（2）在发票右框线的位置设有金色色带和咖色色带，如果对打印出的纸质发票进行二次复印的话，我们会发现复印件上的金色色带消失了，咖色色带也变浅了。

（3）税务机关在电子平台上增加了打印次数和下载次数的计算功能，我们可以看到，在票面右侧有写"下载次数"和"在线打印次数"标识，当看到在线打印、下载次数大于 1 的发票时，我们就能够直接针对特殊情况的发票进行复核，防范重复入账。

# 四、已入账的发票还能
# 进行入账信息调整吗？如何调整？

　　小黎是某商品公司的财务人员，通过企业培训和自我提升学习，成为公司内熟练掌握金税四期的数电票相关知识的优秀员工。2023 年 6 月，主管交代她核实电子发票服务平台中已入账的两张发票的入账状态是否为税前扣除，若不是就将发票信息调整一下。旁观的同事看到她的操作也非常想学习以方便日后工作。那么，小黎到底是如何进行信息调整的呢？

## 入账信息调整的方法

　　对于已入账的发票，我们可以通过"入账信息调整"功能修改入账状态，不仅是针对状态具体情况的修改，也能够操作撤销入账。

　　（1）点击【税务数字账户】-【发票入账标识】，选择"发票"页签，查询条件选择"已入账"的发票信息，也可以通过选择开票时间段等条件进行更精确的筛查。

　　（2）选中需要调整的发票信息后，点击【入账状态】选择"入账撤销""已入账（企业所得税税前扣除）"或"已入账（企业所得税不扣除）"。

　　（3）最后点击【入账调整】按钮，页面显示"该发票已调整成功"，就完成了整个信息调整的操作。

### ■ "数电票"知识讲堂

**数电票怎样能够避免重复入账呢？**

我们可以利用电子发票服务平台中的发票入账标识服务对新入账

的发票进行标识。这样一来，当我们再次进行入账操作的时候，之前已经标识过的发票系统就会自动提示发票已入账，提醒我们不需要针对同一张发票进行重复操作。

# 五、纳税人已自行做账，是否还需要在电子发票服务平台进行发票入账？

小枝刚入职一家成立多年的旅游公司，她提前学习了数电票的相关知识打算在新公司用心发展，却发现这家公司并不会按照金税四期的要求在电子发票服务平台对所有的发票进行入账标识，她想知道这样的操作可行吗？发票入账标识是必须操作的吗？

## 一定要进行入账发票吗？

在电子发票服务平台提供发票入账功能，企业能够通过税务数字账户标记取得的发票，进行入账标识操作，这项操作实际帮助纳税人降低了重复入账的风险，同时也方便了企业会计核算管理。如果企业按照全面数字化电子发票报销入账进行归档，那么就是按照财政和档案部门的相关规定来执行的。

不过，如果小枝公司的做账流程和操作都符合《会计档案管理办法》《财政部 国家档案局关于规范电子会计凭证报销入账归档的通知》等的相关规定，并且打算自行做账，税务机关也不会要求必须在电子发票服务平台进行发票入账标识，允许企业自行做账。

### "数电票"知识讲堂

**有哪些发票是即使取得了也不能直接入账的呢？**

在会计实操的过程中，有些业务即使取得了发票，也不一定能入账，如果强行入账还有可能为企业带来税务风险。

（1）会议费。会议费是税务部门管理最严格的一项科目，因为会议产生的消费内容有可能与餐饮、住宿、旅游相关，因此还需要更加详细的凭证证明会议的存在和过程记录。

（2）差旅费。差旅费中包含车票、餐饮、住宿、交通和无须扣除个税的出差补助等，餐饮发票、车票是一些中小企业经常凑成本票的选择，而出差补助则可以用来逃避个税。差旅费中包含很多敏感信息，因此同样需要证明出差的真实性及实际产生费用的凭证。

（3）业务招待费。其中既含有税前扣除的双限额，又是税务部门的重点稽查对象，一不小心就会被认定赠予，需要代缴个人所得税。因此也需要相关审批单、付款和明细清单证明业务招待的合理性。

（4）租金发票。我们需要首先判断租金发票是否有对应合同，如果没有注明不动产的详细地址，那么开出的发票是不符合规定的。

（5）加油发票。实际上并不是所有加油发票拿过来就能抵税与税前扣除。加油发票想要报销，要公司有车或公司租入车辆才能报销。这样就会在加油发票基础上附加公司车辆用车的证明或者是公司租赁车辆用车的证明。

（6）超额的电费发票。由于稽查系统中有一项叫作"电费与收入不匹配"，按照企业的具体数据申报入税务局系统后，系统设置了能够自动配比与同行业的平均用电水平，如果出现对比异常，就会提示该企业有疑点，以此加强监管和进一步核查。

通过以上列举的几点情况，我们可以得知，存在很多业务发票入账都需要有充足的辅助证明，这样才能够避免公司陷入不必要的税务风险中。

# 第十章

# 抵 扣 勾 选

# 一、用票试点纳税人如何勾选发票?

小筱之前在公司的主要业务是进行发票入账和核对,而最近公司人员调整,她现在的工作是协助同事将已开具的发票进行税额抵扣,但是她对操作一知半解,不知道现在的操作为什么会有这些限制,想把所有的操作和适用范围梳理清楚,我们一起来梳理下她好奇的这些问题吧。

电子发票服务平台对纳税人取得的增值税扣税凭证自动归集,平台上的"抵扣勾选"功能在日常中支持我们进行按税款所属时间来查询、逐票勾选的操作,同时还支持我们对多份发票进行勾选操作,以此实现了纳税人勾选用于申报抵扣的电子发票(增值税专用发票)还有其他票种的勾选。那么我们应该如何进行勾选发票的具体操作呢,我们和小筱一起来看看。

## 发票抵扣勾选的方法

(1)首先登录电子税务局,点击【我要办税】-【税务数字账户】-【发票勾选确认】模块,在这个功能之下勾选的发票就可以用来抵扣申报增值税。

(2)先确定当前的发票属期是所需要操作的正确日期,然后点击【抵扣类勾选】功能,在这个模块进行勾选或者撤销勾选的操作。

(3)进入【抵扣勾选】模块,点击"勾选状态"为"未勾选",再根据纳税人的实际需求输入相关"发票来源""开票日期起止"等查询条件,查询筛选后,页面就会显示出对应条件下能够抵扣的凭证信息。

这里需要注意的是:①每一期可以操作发票的开具时间范围都只能从2017年1月1日后开始,截止到本期税款时间段的最后一天。②若看到管理状态显示为"疑点发票"的发票,这时候会将发票信息显示成黄色。企业勾选这种发票的时候，系统会进行相对应的提醒，如果遇到了这种情况，要谨慎地确认此发票是否需要进行勾选。

（4）选中本次需要勾选的发票，最后点击【提交勾选】-【确认】，就可以完成整体的操作步骤了。

（5）勾选成功之后，在勾选状态选择"已勾选"，我们可以查询到已经勾选过的发票信息。同时也可以在这个模块进行【撤销勾选】的操作，撤销之后，选择的发票就会重新变成未勾选状态，这张发票在当期所属期时间内无法再次被用于抵扣。

（6）在【统计确认】页签，点击【申请统计】按钮进行统计。然后在核对统计数据无误后，对统计表进行最后的确认，点击【统计确认】完成全部操作。

### "数电票"知识讲堂

**如果发票出现了逾期抵扣的情况应该如何操作呢？**

纳税人在 2016 年 12 月 31 日及更早时间里取得的还没有进行过抵扣的发票，包括增值税专用发票、海关进口增值税专用缴款书或者是机动车销售统一发票，虽然现在来看，这些发票超过了认证确认、稽核比对、申报抵扣期限，但仍旧是符合规定条件的发票，因此我们仍然可以通过此功能申请继续用于抵扣进项税额。具体的申请方法如下。

（1）登录电子服务平台点击【税务数字账户】-【发票勾选确认】-【逾期抵扣申请】，系统显示出【逾期抵扣申请】的界面；

（2）选择【海关缴款书】页面，系统会显示出【海关缴款书】初始化的页面信息；

（3）再通过选择查询条件，点击【查询】按钮，查询到需要进行逾期抵扣操作的发票信息；

（4）然后可以点击【录入】按钮，系统会自动显示出录入框，就可以在【逾期抵扣申请手工录入】页面填写正确信息，最后进行录入；

（5）另外还可以在此进行批量操作，点击【清单导入】按钮，自行下载《逾期抵扣申请海关缴款书导入模板》，按照信息填写模板后，点击【清单导入】将文件所有发票信息导入到系统中，就可以完成抵扣步骤。

# 二、数电票的"导入"和"导出"具体怎么操作?

小芙是一家广告公司的财务人员，今年公司增设了各大平台的业务量，财务部门收到的发票数量一下增加了许多，她在电子服务平台进行勾选抵扣的时候觉得逐票勾选工程量过大，同事小林告诉她现在有了新功能可以实现批量操作，于是她开始琢磨具体操作方法。

数电票的"导入"和"导出"功能就是税务机关针对纳税人在面对较多发票的时候，考虑到其在系统中进行逐票勾选的模式既不实用也不够高效，特意为纳税人设置的一项系统优化服务。我们可以借助文件导入系统来实现批量的发票退税勾选操作，以此实现提高退税勾选效率、降低勾选工作量的效果。

## 发票的"导入"

登录电子发票服务平台，点击【清单导入勾选】，系统会弹出下载界面，点击【发票不抵扣勾选导入模板】下载。下载后打开模板填入发票信息数据，在【是否勾选】一列选择【是】或者【否】，保存好所填文件。最后点击【清单导入勾选】，选择"发票不抵扣勾选导入模板"上传保存文件，上传成功后再点击【提交勾选】，发票批量不抵扣勾选或撤销勾选的操作就成功完成了。

## 发票的"导出"

设置完对应发票的查询条件后，我们可以在查询结果处看到符合条件的发票数据，点击【导出】按钮，就能将已查询到的发票数据导出系统。将导出的发票明细文件下载到本地，在核查中就可以按照自己的对应要求对文件信息进行取舍和整合了。

## "数电票" 知识讲堂

　　小芙在工作检查中发现了系统中之前勾选错误的发票，她想分辨出为什么会显示错误，又怎样在税务数字账户中撤销错误勾选的发票呢？

　　通常发票勾选错误都是出于各种不同情况，我们可能会忘记是否进行过申请统计或者统计确认，这时候就需要先排查出错误的具体细节，然后再操作勾选撤销。

　　（1）没有申请统计也没有统计确认的情况：

　　①【我要办税】-【税务数字账户】-【发票勾选确认】-【抵扣类勾选】，点击【抵扣勾选】页签，在勾选状态栏选择【已勾选】项；②之后输入相应条件查询到对应发票，选中需要撤销勾选的发票，点击【撤销勾选】，系统会显示出【确认撤销】的弹窗；③最后点击"确认"，页面提示【提交成功】就完成了。

　　（2）申请统计了但是没有统计确认的情况：

　　①【税务数字账户】-【发票勾选确认】-【抵扣类勾选】，在【统计确认】页签，点击撤销统计，可以看到系统会自动显示出【撤销统计确定】弹窗；②点击【确定】，看到页面提示【撤销统计成功】说明撤销统计成功了，然后就可以按照情况（1）的方法进行撤销勾选的操作了。

　　（3）申请统计了也确认过的情况：

　　①【税务数字账户】-【发票勾选确认】-【抵扣类勾选】，在【统计确认】页签，点击撤销确认，系统会自动弹出【撤销确认】的弹窗；②点击【确定】，页面自动提示【撤销确认成功】就说明完成了，之后按照情况（2）的步骤先进行撤销统计的操作；③再按照情况（1）的步骤撤销勾选，页面最后显示【提交成功】就大功告成了。

　　另外可以注意一下：如果撤销勾选时页面提示"请撤销统计后勾选抵扣"，那就说明现在还没有【撤销确认】或还没有【撤销统计】的情况。

# 三、电子发票服务平台税务数字账户"抵扣类勾选业务"模块包括哪些功能？农产品发票抵扣勾选、进项确认相较以前有何变化？

小桐帮助家里操作自种农产品发票的时候发现，现在金税四期的新规定对于农产品发票抵扣勾选、进项确认有了新的变化，她不知道这对于自己家的情况来说是不是一件好事，看到"抵扣类勾选服务"也不太了解这其中具体有什么功能可以为家中提供便捷，让我们一起来帮助小桐梳理一下吧。

## "抵扣类勾选业务"模块的功能

"抵扣类勾选业务"模块具体包括：抵扣勾选、农产品加计扣除勾选、不抵扣勾选、变更税款所属期等功能。

"抵扣勾选"与"不抵扣勾选"的区别在前文已经介绍过，因此我们这里不再展开。"农产品加计扣除勾选"是指针对农产品的专用发票，以及海关进口增值税专用缴款书，企业需要另行手工计算可抵扣的税额以及加计抵扣的金额，企业会在此之前在增值税发票综合平台进行勾选操作。而针对农产品收购发票，过往的增值税发票综合服务平台不会提供发票勾选功能，我们还需要另行手工计算填写到增值税申报表上。

## 抵扣农产品发票的方法

在电子发票服务平台上，我们可以通过用途确认功能进行农产品发票的抵扣及进项计算操作。具体步骤如下。

（1）点击进入【税务数字账户】-【发票勾选确认】，选择【抵扣类勾选】进入系统，点击选择【待处理农产品发票】。

（2）将红字必填项的信息录入完成，随后点击【查询】，系统会给我们显示出需要勾选确认的农产品发票信息，然后再根据自身的实际情况，进行勾选确认后点击提交。

# 农产品发票抵扣勾选、进项确认的变化

农产品增值税进项税额核定扣除是指，为了加强农产品增值税进项税额抵扣管理，试点纳税人购进农产品不再凭增值税扣税凭证抵扣增值税进项税额，而是采用一定的进项税额核定的方法进行抵扣。我们国家大部分地区都采用投入产出法来核定农产品增值税进项税额。

执行完上述抵扣勾选操作之后，如果出现对于符合条件的农产品深加工企业还需要进行农产品加计扣除的情况，可以再次进入系统，选择【抵扣类勾选】，点击【农产品加计扣除勾选】的选项，按照符合条件的选项查询相关信息发票，点击【查询】得到相关结果。判断所得到的农产品发票信息是否需要进行勾选用于增值税加计扣除，最后完成"本次加计扣除税额"的信息填写。

## "数电票"知识讲堂

为什么会出现已经勾选了农产品发票，但在【农产品加计扣除勾选】模块却查询不到对应发票的情况呢？

首先要明确需要进行加计扣除的前置条件有：现在已经归类为农产品深加工的企业并且已经在上一个环节完成了勾选的相关操作。

如果查询不到对应发票的情况，可以先返回上一步，确认一下上一步的操作有没有出现失误。然后还需要注意的是，加计扣除也是有开票时间限制的，在我们成为用票试点纳税人之后的第二个月才被允许在税务数字账户中进行勾选，而如果开票时间和抵扣时间都发生在以前的属期，那么现在实际生产领用还需要到税局前台办理【加计扣除补录】业务，进行加计扣除的操作。

# 四、纳税人收到发票，但在勾选模块中无法查到对应发票怎么办？

某百货公司老板郑总和客户洽谈业务，洽谈结束后，成功预定了一批货物。在返回途中，郑总让公司的财务莹莹查看是否收到了发票。莹莹登录电子发票服务平台后，发现确实有客户开出的这个订单的发票，但是她在勾选模块中，却没有看到这张发票。这是什么原因呢？

## 勾选模块中无法查到已收发票的原因

出现已收发票无法查询的情况，一般有以下原因：查询条件设置不准确；票面信息不正确；涉及农产品发票、代扣代缴凭证等需在其他功能操作的情况；是否误操作为"不抵扣勾选"；发票状态为已勾选；其他原因。

如果无法查询到已收发票的情况，我们可以按照下列步骤来逐一进行排查。

（1）核实发票信息的查看条件是否设置准确，如案例中的莹莹应该查询开票起止日期、发票来源、发票状态、票种等信息。

（2）查看票面信息，如纳税人识别号是否正确、发票是否为负数发票、税控发票票号是否正确，可以登录"国家税务总局全国增值税发票查验平台"进行查验。在单张查验模块，选择文件，导入文件，录入查询条件，点击【查验】按钮，在查询结果区中显示对应的发票信息。

（3）排查是否为代扣代缴完税凭证、海关缴款书等，如是，则按照对应票证标签进行勾选；排查是否为农产品发票、代扣代缴完税凭证、海关缴款书等，如是，则按照对应票证勾选步骤进行勾选。

（4）排查对应发票是否误操作为"不抵扣勾选"。通过【税务数字账户】-【发票勾选确认】-【不抵扣勾选】模块，设置查询条件，点击查询，便可得到符合筛选条件的发票信息的查询结果，如确认发票已认证为"不抵扣勾选"的，可进行撤销勾选操作。

（5）排查发票状态是否为已勾选，排查方法可通过【发票查询统计】-【全量发票查询】模块查看发票详情，或进入【发票勾选确认】-【抵扣类勾选】模块选择对应查询条件查询发票数据，或点击"统计确认"中"确认历史信息"功能对往期勾选情况进行查询。

（6）发票应勾选"抵扣"却误勾选"退税"。排查方法：排查发票用途是否为"抵扣"，排查方法可通过【税务数字账户】-【全量发票查询】模块查看发票状态详情，其中"增值税用途标签"是否为"已勾选（抵扣）"，如果标签显示"已勾选（退税）"则为误勾选。纳税人可以通过【我要办税】-【出口退税管理】-【出口退（免）税申报】-【进货凭证信息回退】进行申请，待主管税务机关受理办结后即可重新勾选。

## "数电票"知识讲堂

电子发票服务平台增加了"税务数字账户"功能，但有些企业还在使用增值税发票综合服务平台，如何确定本单位应使用哪种方式呢？

以山东省为例，纳税人可以查看《国家税务总局山东省税务局关于增值税发票管理系统、电子税务局暂停服务及税务数字账户、征纳互动功能启用的通告》（2023 年第 4 号），"特定业务类型（含成品油企业、因业务需要不使用网络开具发票以及使用第三方接口用票的大型企业）的纳税人继续使用增值税发票综合服务平台进行发票用途勾选操作。除特定业务类型以外的其他纳税人，自 2023 年 6 月 29 日起，需要通过'山东省电子税务局—我要办税—税务数字账户'进行发票用途勾选、查询统计等业务操作，不再使用增值税发票综合服务平台"。

# 五、税务数字账户中如何查询
# 以前抵扣勾选的数据？

小辛是一家家具公司的财务部员工，2023 年 6 月，公司打算检查下上半年的每个月增值税额已经抵扣进项的信息明细，于是安排她将之前在税务数字账户上抵扣勾选过的发票汇总一下，把数据整理清楚。小辛只会进行勾选抵扣的操作，并不太熟悉如何查询以前勾选过的数据，她想了解后续的操作过程是怎样的呢？

## 查询以前已抵扣进项的发票明细的方法

电子发票服务平台除了可以查询以往月份抵扣过的进项发票信息，还可以查询认证过的发票，具体操作如下。

（1）登录电子税务局进入平台，点击【我要办税】-【税务数字账户】-【发票勾选确认】-【抵扣类勾选】，之后选择【抵扣勾选】，勾选状态选择"已勾选"，根据标准和要求输入相关查询条件，点击"查询"。在系统跳出的对应页面选中需要导出的发票信息，点击【导出】按钮，最后将整理好发票明细信息的文档下载到本地。

（2）登录电子税务局进入平台，点击【我要办税】-【税务数字账户】-【发票查询统计】，选择【历史抵扣统计确认信息查询】模块，接下来就可以查询到历史税款所属期抵扣统计确认的发票信息。

（3）登录电子税务局进入平台，点击【我要办税】-【税务数字账户】-【发票勾选确认】-【抵扣类勾选】，之后进入【统计确认】的页面，点击最右侧的【查看历史确认信息】，选择自己想要查询的月份，最后系统会显示出当月已抵扣进项发票明细，就能查询到各种符合条件的往期已勾选认证的发票信息了。

**"数电票"知识讲堂**

　　电子发票服务平台税务数字账户【抵扣类勾选业务】模块中增值税扣税凭证不得进行用途勾选的有哪些呢？

　　有多种增值税扣税凭证是不得进行用途勾选的，具体列举如下。

　　（1）异常增值税扣税凭证。

　　（2）已作废的发票。

　　（3）之前所属期已确认用于其他用途的发票。

　　（4）已用于冬奥会退税的发票。

　　（5）已全额冲红的发票。

　　（6）其他。

# 六、纳税人在【抵扣类勾选】模块中，有的发票是灰色的，并且不能勾选是什么原因？

小夏刚在一家商务公司财务部转正，主管给她讲解了金税四期的管理要求，但是当她登录自己公司的电子发票服务平台数字账户后发现，按照条件查询后显示的有些发票是不能被勾选的，她只学习过关于红冲发票的相关知识，但是了解得不够充分，并不能判断出来除此之外的情况，日常在平台上对于不能勾选的发票应该如何甄别呢？

## 不能被勾选的发票类型

登录电子发票服务平台，点击【我要办税】-【税务数字账户】-【发票勾选确认】-【抵扣类勾选】进入"抵扣勾选"页面，在平台中显示灰色标记的发票皆是不能被勾选的状态。

通过分析我们可以了解到，这其中包括被平台认定为异常凭证的发票、被作废的发票以及完全红冲的发票。如果要进一步核实所查发票的目前状态，还可以点击进入【我要办税】-【税务数字账户】-【发票查询统计】-【全量发票查询】模块中查到更准确、更清晰的信息。

**"数电票"知识讲堂**

为什么我们从增值税发票综合服务平台抵扣勾选发票后，再登录电子税务局却查不到进项的发票信息？

出现上述情况通常是因为发票代码错误、购货方统一社会信用代码或者纳税人识别号出现错误以及查询途径缺失等。如果出现这些情况还可以通过其他操作进行调整，具体可以注意下面的 9 个要点。

（1）判断是否在查询条件上设置不够准确。

（2）判断是不是发票的票面信息不正确。

（3）判断是不是涉及农产品发票、代扣代缴凭证等需要在平台上其他功能再操作的情况。

（4）判断是否被误操作成"不抵扣勾选"的情况。

（5）判断发票状态是不是"已勾选"的情况。

（6）判断纳税人是否存在重复档案的情况，使得发票无法分清。

（7）判断是不是没有勾选属期。

（8）核实发票代码，以及购货方统一社会信用代码或者纳税人识别号，是否有 IOSVZ 等不该出现的字母。

（9）如果有系统原因，可以尝试重启系统或者拨打税务机关在电子税务局上提供的咨询电话寻求协助。

# 七、需要一次性勾选大量发票，税务数字账户发票勾选模块每页只显示 20 条数据要如何处理？

小苗是一家科技公司的财务部员工，根据公司最新季度的要求登录公司的电子发票服务平台数字账户，整理目前可供勾选的所有发票，但按照条件查询后发票勾选模块每页只能显示 20 条，这显然增添了很多繁复的操作步骤，有什么操作可以解决这个问题呢？

实际上，在推行了数电票的新型发票政策之后，税务机关已经预见到会有很多公司出现相关的需求，因此在电子发票服务平台设置批量处理的功能，为企业大量勾选发票提供了解决方法。

## 多条发票数据批量勾选的方法

在使用【抵扣勾选】功能时，可以看到页面最下方的页码导航条，此时最好更换成谷歌或者搜狐浏览器运行，然后我们可以选择每页显示多少条数据，平台支持选择"10 条/页""20 条/页""50 条/页"的状态，充分照顾到企业批量和分类处理的需求。但是，最好不使用兼容 IE 内核的浏览器（比如 IE、360 等浏览器），这样的浏览器页面仅支持选择"10 条/页"和"20 条/页"的状态。

不过更多时候，用于工作的电脑没有选择的余地，而小苗根据公司电脑的配置申请安装了新的浏览器，终于高效地完成了所有发票勾选的工作任务。

当需要勾选更多数量的发票时，还可以全量导出未勾选发票并【下载模板】，将导出发票的数据根据系统提供的模板按照要求填入 Excel 表后，选择【清单导入勾选】成功上传文件进行勾选操作。

**"数电票"知识讲堂**

**如何在电子发票服务平台中操作发票不抵扣勾选呢？**

不抵扣勾选的具体操作如下。

登录电子税务局进入平台，点击【我要办税】，进入【税务数字账户】-【发票勾选确认】-【不抵扣勾选】模块，将【勾选状态】设置为"未勾选"，选择【发票来源】和【发票状态】等查询条件，点击【查询】。根据查询结果对选择的发票进行"不抵扣勾选"的操作，确认本次要勾选的发票后，选择"不抵扣原因"，点击"确定"。然后再点击"提交勾选"按钮，系统会自动弹出勾选提示信息窗口，最后点击"继续提交"勾选完成。

值得注意的是：①不抵扣勾选是不需要进行申请统计、统计确认等操作的。②本期不抵扣勾选的发票可以撤销勾选操作，而前期已经做过不抵扣勾选的发票如果还计划重新用于发票抵扣，需要向税务机关申请撤销。

# 八、如何在税务数字账户导出本期抵扣勾选的所有明细数据？

　　小戴在一家财税公司上班，最近公司要与同行进行业务上的交流，上司希望他能将税务数字账户上本期的勾选数据明细全部导出，然后做一下统计和整理，再筛选变成具有代表性的交流文件。那么，他应该如何在电子服务平台不重复、不遗漏地完整导出本期数据呢？

## 导出抵扣勾选明细的方法

　　针对批量导出抵扣勾选的明细，其实系统已经为我们提供了非常便捷的操作，重点在于我们需要分清所导出发票的内容，因此最需要注意的就是在此之前一步——查询出符合条件的所有发票。

　　（1）登录电子税务局进入平台，依次点击【我要办税】-【税务数字账户】-【发票勾选确认】-【抵扣类勾选】，在弹出页面点击"抵扣勾选"；

　　（2）正确填写查询条件：如果我们打算导出本期的数据明细，那么就需要明确本期的时间从哪一天开始到哪一天结束，然后确认无误后点击"查询"；

　　（3）点击左上角的【导出】按钮，最后导出符合条件的所有抵扣勾选的发票明细。

> **"数电票"知识讲堂**
>
> 　　怎样变更勾选抵扣属期？看到税务数字账户右上角的"变更属期"，是允许自行提交，还是需要税务机关审核呢？如果已经完成了变

**更属期，那么还允许回到当前属期吗？**

当本期的税款所属期尚未申报完成，同时符合变更税款所属期的操作条件时，平台允许切换至上一税款属期；如果还存在上一属期未申报的情况，也可以逐期变更税款所属期，以便回到对应属期进行抵扣勾选。具体的操作步骤如下。

（1）在功能菜单依次选择【税务数字账户】-【抵扣类勾选】。然后在页面右侧，点击【变更属期】，进入"变更税款所属期"界面。

（2）在"变更后税款所属期"下拉框中选择上一个税款所属期。之后点击【变更税款所属期】按钮后，在弹出提示信息中点击【确定】。

（3）税款所属期变更成功后，系统会提示"操作成功"，最后再返回抵扣勾选的业务界面，当前的税款所属期就会自动刷新了。

另外还需要注意的是：

（1）税务平台允许让纳税人变更税款所属期，从下一期回退至当期；也允许纳税人变更税款所属期、按照逐期进行回退。

（2）如果纳税人完成了当期的申报操作，或者当期没有再需要申报的情况，系统属期就会自动从当期切换到下一期状态。

（3）操作时间所在自然月对应的属期就是当期，系统从核心征管系统获取到的当期申报结果均是"未申报"或者"作废申报"状态。

第十一章

# 增值税申报

# 一、纳税人开具或取得数电票后，如何填写增值税申报表？

小诚是一家第三方劳动公司的员工，公司新收到了一批开具好的数电票，安排他将用于申报的附件资料填写完整并在电子税务局上完成申报操作，但是他还不太了解从哪里得到所谓的申报表，以及应该对应什么种类的发票填写申报表。因此请教了组长，但是组长却和他讲只要登录电子服务平台就都了解了，他将信将疑。于是抱着严谨了解之后再着手工作的态度，他计划先学习关于填写增值税申报表的相关知识细节。

下面我们就一起和小诚梳理一下填写纳税申报表的相关操作。

## 一般纳税人填写纳税申报表的方法

### 1. 开具数电票的填报操作

由电子发票服务平台开具的数电票、纸质专票以及纸质普票，识别出带有"增值税专用发票"，按照要求可以将这些发票的金额和税额填写到《增值税及附加税费申报表附列资料（一）》（本期销售情况明细）中的1~2列，具体名称为"开具增值税专用发票"。

而识别出带有"普通发票"的字样，按照要求可以将这些发票的金额和税额填写到《增值税及附加税费申报表附列资料（一）》（本期销售情况明细）中的3~4列，具体名称为"开具其他发票"。

### 2. 勾选用于抵扣的数电票的填报操作

在取得由电子发票服务平台开具的数电票、纸质专票、纸质普票之后，勾选用于进项抵扣的操作时，可以将发票份数、金额还有税额填写在《增值税及附加税费申报表附列资料（二）》（本期进项税额明细）中的相关栏次，具体名称为：第 2 栏"本期认证相符且本期申报抵扣"、第 3 栏"前期认证相符且本期申报抵扣"。

**3. 关于《红字发票信息确认单》的填报操作**

在取得由电子发票服务平台开具的带有"增值税专用发票"字样的数电票和纸质专票之后，发票已经完成了用于增值税申报抵扣的情况下，将对应的《红字发票信息确认单》所列出的增值税税额填写在《增值税及附加税费申报表附列资料（二）》（本期进项税额明细）中第 20 栏的栏次，具体为："红字专用发票信息表注明的进项税额"。

在取得由电子发票服务平台开具的带有"普通发票"字样的数电票和纸质专票之后，发票已经完成了用于增值税申报抵扣的情况下，就将对应的《红字发票信息确认单》所列出的增值税税额填写在《增值税及附加税费申报表附列资料（二）》（本期进项税额明细）中第 23b 栏次，具体为："其他应作进项税额转出的情形"。

另外，当购进农产品后取得数电票、纸质专票或者纸质普票，如果发票是已经按计算税额申报抵扣农产品进项税额了或者是已经加计扣除农产品进项税额了，那就按《红字发票信息确认单》所列出的已经计算抵扣的税额或者是加计扣除农产品进项税额填写在《增值税及附加税费申报表附列资料（二）》中第 23b 栏次，具体为："其他应作进项税额转出的情形"。

# 小规模纳税人填写纳税申报表的方法

如果身份为试点小规模纳税人，那么纳税申报表应该填写到"小规模纳税人适用"的相应文件中。

通过电子发票服务平台开具的带有"增值税专用发票"的数电票纸质专票和纸质专票，应将金额等信息填到《增值税及附加税费申报表（小规模纳税人适用）》的第 2 栏和第 5 栏上，具体名称是："增值税专用发票不含税销售额"以及"增值税专用发票不含税销售额"。

通过电子发票服务平台开具的带有"普通发票"的数电票纸质普票和纸质普票，应将金额等信息填到《增值税及附加税费申报表（小规模纳税人适用）》的第3栏、第6栏、第8栏上，具体名称是："其他增值税发票不含税销售额。"

 **"数电票"知识讲堂**

**小规模纳税人与一般纳税人有什么区别呢？**

小规模纳税人与一般纳税人两者的区别，我们可以通过如下两种标准来分辨。

（1）按照所认定的条件不同区分。如果是从事生产货物或者提供应税劳务的，还有以此为主又兼营货物批发零售的纳税人（适用50%的标准），年应税销售额达到50万元，就认定为一般纳税人，而年应税销售额小于50万元的情况，则认定为小规模纳税人。

如果是仅从事货物批发或零售的纳税人，年应税销售额达到80万元，就认定为一般纳税人，而年应税销售额小于80万元的情况，则认定为小规模纳税人。

应税服务年销售额定下的标准是500万元（不含税销售额），当大于500万元的情况就被认定为一般纳税人。

所谓应税服务年销售额就是指消税人在连续不超过12个月的经营期之中，提供交通运输和现代服务累计的应征增值税销售额，其中也含有免税、减税的销售额。

（2）按照税收管理的不同规定区分。一般纳税人的税收管理规定为：销售货物或提供应税劳务可以开具增值税专用发票；购进货物或应税劳务可以作为当期进项税抵扣；计算方法为销项减进项。

小规模纳税人的税收管理规定为：只能使用普通发票；购进货物或应税劳务即使取得了增值税专用发票也不能抵扣；计算方法为销售额×征收率。

# 二、在电子税务局上怎么进行申报操作？

小诚通过前文的学习将填写增值税申报表的方式了解清晰后，保存好了已经填写完整的申报表，但是他登录电子税务局的网站还是觉得一头雾水，到底怎么样才算申报成功了呢？

实际上，申报过程中最难的部分——填写申报表已经在上一节整理好了，之后还需要在平台上进行的操作反而比较简单，我们一起来学习一下如何在电子发票服务平台完成最终的操作。

## 纳税申报的方法

（1）登录电子税务局进入平台，点击【我要办税】-【税费申报及缴纳】-【增值税及附加税费申报表】-【填写申报表】。如果是试点纳税人，还可以留意系统弹窗出现的信息。

（2）在平台上进行过【勾选统计确认】操作的数据会自动同步到发票汇总的界面，若是确认时发现进项数据为 0 或与实际情况不一致时，可以先等待一段时间，再点击【一键获取】，随后点击【刷新】按钮，等待系统显示最新同步的发票信息，再点击【下一步】获取申报表。

（3）小诚可以按照前文内容的分类完成申报表的填写，最后在系统中完成申报。

不过，如果在上一步的操作时获取的发票数据无法及时更新，还存在不准确的发票信息，而公司又要求及时完成申报的操作，小诚也可以手动自行修改，在申报表内进行调整，最后提交完成申报操作。

**"数电票"知识讲堂**

小诚今天一直都在学习报税知识，还没有进行实际操作，他有些担心报税时间会不会明天就截止了，会不会耽误整个月的申报进度？还有哪些申报时间点需要注意呢？

首先我们需要分辨小诚所在的公司目前是属于小规模纳税人还是一般纳税人。就增值税的日期要求来看，针对小规模纳税人的规定是要求每季度进行申报，在1月、4月、7月、10月的15日之前完成即可；而针对一般纳税人的规定则是要求每个月申报，在每个月的15日之前完成即可。

其次，除了增值税以外的其他税种也有各自的申报时间要求，具体可以参见表11.1。

表 11.1　电子税务局的纳税申报要求

| 税种 | 小规模纳税人 | 一般纳税人 |
|---|---|---|
| 增值税 | 每季度申报<br>1月、4月、7月、10月<br>每月15日之前 | 每月15日之前 |
| 附加税 | 每季度申报<br>1月、4月、7月、10月<br>每月15日之前 | 每月15日之前 |
| 印花税 | 按期申报：自季度、年度终了之日起十五日内<br>按次申报：自纳税义务发生之日起十五日内 | |
| 个人所得税 | 每月15日之前 | |
| 企业所得税 | 每季度申报<br>1月、4月、7月、10月　每月15日之前 | |
| 财务报表社保 | 每季度申报<br>1月、4月、7月、10月　每月15日之前<br>年度报表<br>每年1月1日至5月31日 | |
| 社保 | 每月5日至25日 | |
| 公积金 | 每月月底前 | |
| 残保金 | 每年8月至9月30日 | |
| 城镇土地使用税 | 每年4月、10月、15日之前 | |
| 房产税 | 每年4月、10月、15日之前 | |
| 个税汇算清缴 | 每年3月1日至6月30日 | |
| 个税经营所得清缴 | 每年1月1日至3月31日 | |

续表

| 税种 | 小规模纳税人 | 一般纳税人 |
|---|---|---|
| 个税手续费退费 | 每年1月1日至3月31日 | |
| 企业所得税清缴 | 每年1月1日至5月31日 | |
| 工商年报 | 每年1月1日至6月30日 | |

注：部分地区会有特殊情况，并且申报时间也会因为假期或者其他原因而顺延，具体申报截止日期以当地税务局为准

（表格来源于网络）

# 附　录

## 15 种发票样式

（1）增值税专用发票

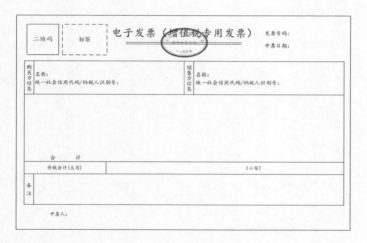

（2）普通发票

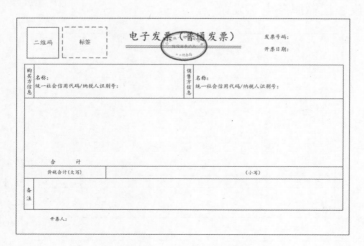

（3）稀土电子发票

（4）建筑服务电子发票

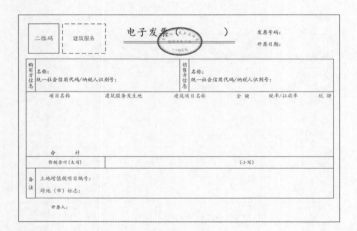

（5）旅客运输服务电子发票

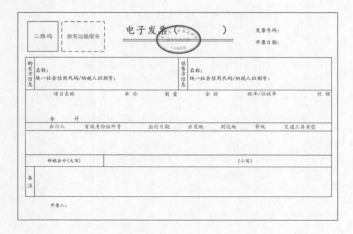

（6）货物运输服务电子发票

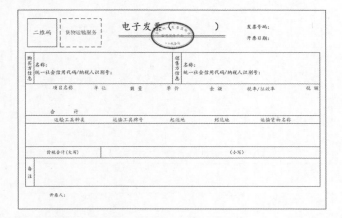

（7）不动产销售电子发票

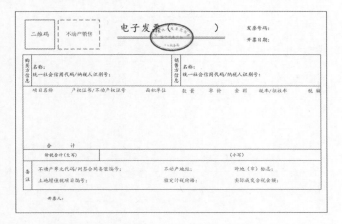

（8）不动产经营租赁电子发票

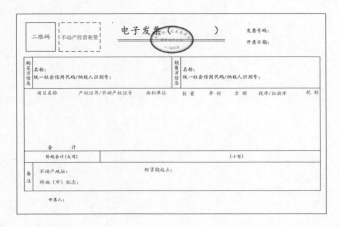

（9）农产品收购电子发票

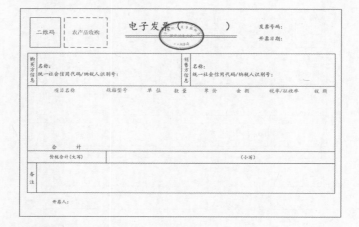

（10）光伏收购电子发票

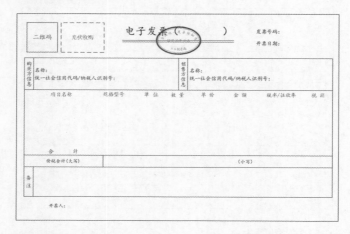

（11）代收车船税电子发票

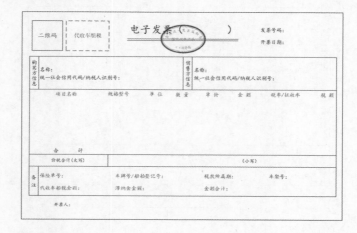

（12）自产农产品销售电子发票

（13）差额征税电子发票（差额开票）

（14）差额征税电子发票（全额开票）

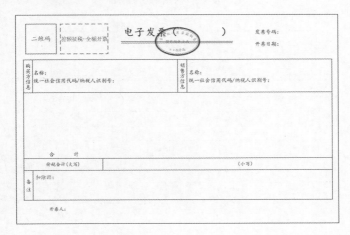

（15）成品油电子发票

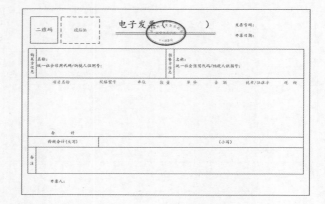

（16）数电票（航空运输电子客票行程单）

（17）数电票（铁路电子客票）

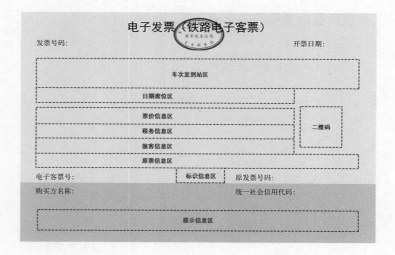